广西高速公路地质灾害处治典型案例

广西高速公路投资有限公司　主编

人民交通出版社

北京

内 容 提 要

本书共三篇。第一篇为概述，主要阐述广西区域地质条件、边坡和隧道主要地质病害及防治措施。第二篇、第三篇为案例，主要内容涵盖广西高速公路项目路基边坡和隧道围岩各种地质病害分析、处治方法及过程。书中所述工程案例是在实地勘察、钻探和听取专家意见的基础上，分析病害发生的机理原因，经多方案对比研讨得出的合理处治方案，旨在为今后高速公路项目建设，特别是多雨山区高速公路项目路基边坡、隧道地质病害处治提供方案参考和技术帮助。

本书可供高速公路工程相关技术人员使用，也可作为行业培训用书及专业院校辅助教材。

图书在版编目(CIP)数据

广西高速公路地质灾害处治典型案例／广西高速公路投资有限公司主编. — 北京：人民交通出版社股份有限公司, 2024.5

ISBN 978-7-114-19171-8

Ⅰ.①广… Ⅱ.①广… Ⅲ.①高速公路—地质灾害—灾害防治—案例—广西 Ⅳ.①U418.5

中国国家版本馆 CIP 数据核字(2024)第 004018 号

Guangxi Gaosu Gonglu Dizhi Zaihai Chuzhi Dianxing Anli

书　　名：	广西高速公路地质灾害处治典型案例
著 作 者：	广西高速公路投资有限公司
责任编辑：	郭晓旭
责任校对：	赵媛媛　魏佳宁
责任印制：	刘高彤
出版发行：	人民交通出版社
地　　址：	(100011)北京市朝阳区安定门外外馆斜街 3 号
网　　址：	http://www.ccpcl.com.cn
销售电话：	(010)59757973
总 经 销：	人民交通出版社发行部
经　　销：	各地新华书店
印　　刷：	北京印匠彩色印刷有限公司
开　　本：	787×1092　1/16
印　　张：	19.25
字　　数：	320 千
版　　次：	2024 年 5 月　第 1 版
印　　次：	2024 年 5 月　第 1 次印刷
书　　号：	ISBN 978-7-114-19171-8
定　　价：	88.00 元

(有印刷、装订质量问题的图书，由本社负责调换)

广西高速公路地质灾害处治典型案例

编写单位

组织单位：广西交通投资集团有限公司

参编单位：广西高速公路投资有限公司

各高速公路建设项目公司

编写委员会

主任委员： 周　文

副主任委员： 廉向东　黄德耕　张荫成

委　　员： 秦育彬　曹长斌　吴忠杰　白　雷　李江华

　　　　　　黄　剑　韦世明　赵志忠　许松阳　韦　明

　　　　　　苏爱斌　谭洪河　唐修益　赵德新　黎水昌

　　　　　　黄世武　许国平　邹晓明　胡文学　劳家荣

　　　　　　黄显全　陈　刚　贾利强　邓祥明　段跃华

　　　　　　古鹏翔　刘　东　甘采华　马泽理　周小生

　　　　　　刘敬霜　吕东滨　元德壬　秦曙光　何锦章

编写人员

主　　编：邵小军

副 主 编：劳　祺　刘宏昌

编写人员：杜青旺　莫　勇　刘正宇　朱贤昭　彭　涛
　　　　　张增辉　韦　荣　谭宗林　李增源　张　翼
　　　　　陈　琳　蓝生斌　李　博　吴　嵩　黄志欢
　　　　　黎宣伯　郑和武　黄共进　龚毓青　彭孟珂
　　　　　宾城华　邓龙清　雷雨龙　郑　进　鄢稳定

PREFACE 前言

"十三五"以来,广西高速公路建设突飞猛进,特别是《广西高速公路网规划(2018—2030年)》明确,在原规划的基础上新增路线里程6600km,改扩建里程1400km,合计新增建设规模8000km;到2030年,通车总里程将达到15200km,形成"1环、12横、13纵、25联"格局,面积密度达6.4km/100km^2。广西交通投资集团有限公司(简称"广西交投")作为广西交通基础设施建设主力军,一直承担着重要建设任务。广西地处中国地势第二台阶中的云贵高原东南边缘,山岭连绵、山体庞大、岭高谷深,地质构造复杂,并且有多个地质断裂带;气候温暖、雨水充沛,特别是夏季气温高、降雨多。地质病害、暴雨气象灾害多发,严重影响高速公路建设及运营安全。

为了更好地总结高速公路地质病害处治经验,有效指导后续高速公路地质病害处治方案研讨及制定,同时为新增高速公路设计提供参考,广西交投组织编写了《广西高速公路地质灾害处治典型案例》(简称《案例》)。

《案例》分三篇(概述、边坡工程地质灾害处治案例、隧道工程地质灾害处治案例),所述案例均为工程实际案例,是广西交投所有建设者的经验总结。处治方案是经充分现场勘查、钻探后,在研讨病害发生机理、听取专家意见基础上得出的,方案具有充分严谨性和适用性。

《案例》可供高速公路工程相关技术人员使用。《案例》的出版将进一步提升广西交投高速公路项目地质病害处治技术和工程设计水平,体现广西交投秉承的工匠精神和建设平安百年品质工程的决心,进一步促进广西交投高质量发展。

本次编写工作得到了各项目公司及参建单位的大力支持和配合,在此表示衷心的感谢。鉴于时间紧促和水平有限,书中难免存在疏漏和不当之处,请广大读者、同仁批评指正,及时反馈至广西高速公路投资有限公司(广西南宁市青秀区民族大道 152 号铁投大厦 27 楼 2712 室,邮编 530000),以便修订时改进。

审定单位:广西交通投资集团有限公司
编写单位:广西高速公路投资有限公司
2023 年 6 月

CONTENTS 目录

第一篇　概述

第一章　广西区域地质环境　　003
　第一节　区域地貌　　004
　第二节　区域水文地质　　005
第二章　广西区域岩土体特性　　007
　第一节　岩土体类型分布与特征　　008
　第二节　不良岩土体　　008
第三章　广西区域主要环境地质问题　　011
第四章　广西高速公路边坡滑坡病害　　015
　第一节　滑坡类型及其稳定性分析　　016
　第二节　滑坡治理措施　　017
第五章　广西高速公路隧道主要病害　　019
　第一节　病害类型　　020
　第二节　防治措施　　021

第二篇　边坡工程地质灾害处治案例

第一章　顺层路堑边坡滑坡　　025
　第一节　"卸载＋挂钢筋网喷混凝土＋挂铁丝网喷播基材＋坡脚支挡＋深层排水"处治多雨区顺层、破碎、地表水易下渗的高大路堑边坡滑坡　　026

第二节 "抗滑桩+预应力锚杆(索)格梁(部分坡面)+
预应力锚墩挂网喷射混凝土+深层排水"
处治多雨区顺层、破碎、地表水易下渗
和邻近重要构筑物的高大路堑边坡滑坡 035

第三节 "卸载+抗滑桩+坡脚支挡+喷播防护+
深层排水"处治多雨区自然坡度大、顺层
(含破碎节理面)、破碎和地表水易下渗的
高大路堑边坡倾倒变形 044

第四节 "卸载+抗滑桩+锚索(杆)格梁"处治
多雨区顺层、破碎、牵引型隧道洞口
仰坡滑坡 056

第五节 "卸载+挂网喷射混凝土+坡脚渗沟"处治
多雨区顺层、破碎、地表水易下渗和邻近
重要构筑物的高大路堑边坡滑坡 063

第六节 "卸载放缓+抗滑桩+挂网喷射混凝土+
坡脚支挡"处治多雨区顺层、破碎的高大
路堑边坡滑坡 069

第七节 "放缓卸载+预应力锚索格梁(部分坡面)+
锚固挂网喷射混凝土"处治多雨区顺层、
可溶岩与非可溶岩接触带、岩体风化强烈的
高大路堑边坡滑坡 075

第八节 "抗滑桩+预应力锚索+锚杆框架+局部
卸载+地表裂缝封堵+截水沟"处治多雨区
顺层、破碎的高大路堑边坡滑坡 082

第二章 含软弱夹层、破碎的高大边坡滑坡 **091**

第一节 "卸载+大型挡土墙+锚杆(索)格梁"处治
多雨区含软弱夹层的破碎高大路堑边坡
滑坡 092

第二节 "卸载+锚索格梁+挡土墙+深层排水"处治
多雨区含软弱夹层、破碎、坡顶有重要构造
物的高大路堑边坡滑坡 100

第三章 膨胀性黏土边坡滑坡 **113**

第一节 "挖除滑体+柔性支护+深层排水"处治
多雨区强膨胀性黏土边坡滑坡 114

第二节 "清塌方+片石嵌补平+坡面防排水"处治
多雨区红黏土边坡坡面塌方 121

第四章 炭质泥岩边坡滑坡 **129**

第一节 "整村搬迁+卸载(设置宽大缓冲平台)+
坡脚支挡+深层排水"处治多雨区下伏炭质
泥岩的破碎带坡积体边坡滑坡 130

第二节 "放缓坡率+挂网喷混凝土+坡脚挡土墙"
处治顺层炭质泥岩边坡塌方 136

第五章 其他 **143**

第一节 "锚筋桩+挡土墙"处治多雨区运营公路
边坡浅层滑坡 144

第二节 "抗滑桩+支撑挡土墙"处治陡坡面填筑
高大路堤滑坡 148

第三篇 隧道工程地质灾害处治案例

第一章 突泥涌水 **157**

第一节 隧道突泥涌水塌方处治 158

第二节 隧道突石突泥处治 174

第三节 隧道涌水处治 182

第二章 塌方处治 **199**

第一节 隧道洞口塌方处治 200

第二节　隧道富水破碎带塌方处治　　208

　　第三节　隧道富水软弱围岩段塌方处治　　216

　　第四节　隧道溶洞塌方处治　　221

第三章　厅堂式溶洞　　**247**

　　第一节　"回填反开挖式"溶洞处治　　248

　　第二节　"回填+加强排水式"溶洞处治　　251

　　第三节　"现浇梁跨越式"溶洞处治　　258

第四章　其他　　**267**

　　第一节　隧道洞内基底软基处治　　268

　　第二节　隧道穿越地表天坑溶洞处治　　272

　　第三节　隧道填充型溶洞处治　　278

　　第四节　隧道拱顶冒水处治　　291

第一篇　概述

第一章

CHAPTER 01

广西区域地质环境

第一节 区域地貌

广西地势整体呈西北高、东南低,周边高、中间低的形态,是一个向东南倾斜的盆地,山多地少,河网密布。其中,桂东北、桂中和桂西南连续分布大面积热带岩溶,地下河发育。广西岩溶面积约 9.6 万 km^2,占广西总面积的 40.7%,其中岩溶分布面积占全县(市、区)面积 30% 以上的县(市、区)有 55 个。

岩溶区地貌分为峰丛洼地、峰丛谷地、峰丛峰林谷地和峰林孤峰平原。峰丛洼地峰丛簇状大面积连续分布,小洼地点缀其中,洼底发育漏斗或落水洞,无地表河流,可分为高峰丛洼地和峰丛深洼地。前者为包容式岩溶,由残留岩溶高原演化而成,主要分布在桂西北;后者发育在高原向丘陵平原过渡的斜坡区,主要分布于红水河中上游地区的东兰、天峨、凤山、都安、大化等县(自治县)。峰丛洼地中的洼地规模小,少见谷地,松散覆盖层薄,渗漏严重,暴雨时发生内涝。植被一般不发育,普遍石漠化。峰丛谷地的峰丛间谷地规模一般宽数百至数千米,长几千米至数十千米,且多为覆盖型岩溶区,局部有碳酸盐岩出露。成片峰丛中有洼地,洼底有漏斗。峰丛、洼地、谷地有三个不同高程的层面。地质灾害分别为石漠化、渗漏以及塌陷,主要分布在罗城仫佬族自治县、隆安县、马山县、天等县、龙州县等以及靖西市的部分地区。峰丛峰林谷地兼有峰丛洼地、峰丛谷地两种地貌类型的主要特征,在高原斜坡向岩溶平原过渡地带发育,石漠化、内涝、渗漏、塌陷等地质灾害均有发生,主要分布于忻城县、龙州县、大化县、大新县、隆安县等及平果市的部分地区。峰林孤峰平原峰林间地面开阔,松散覆盖层较厚,达 10~30m,浅层岩溶发育,覆盖层下伏基岩面崎岖,石峰与地面比高小于 200m,地表河流发育,地质灾害主要为塌陷,其次为渗漏、地裂等。峰林孤峰平原主要分布在桂林市、柳州市、来宾市、贵港市、玉林市、崇左市等。

非岩溶地貌类型主要有中山山地、低山山地、丘陵和滨海平原。中山山地主峰由碎屑岩或碎屑岩与岩浆岩组成,山高谷深,残坡积层发育,俗称"土山",为江河源头和分水岭。主要地质灾害为滑坡、崩塌和泥石流,分布于桂北九万大山、大苗山和天平山,桂东北猫儿山、越城岭、海洋山、都庞岭、花山和萌诸岭,桂中大瑶山、驾桥岭、桂西金钟山、岑王老山、青龙山和凤凰山。低山山地主峰由岩浆岩、碎屑岩或中新生代紫红色碎屑岩(红层)组成,山间分布凹陷盆地或岩溶谷地。主要地质灾害为水土流失,其次为滑坡、崩塌。低山山地分布于大桂山、天堂山、云开大山、六万大山、十万大山、大容山、镇龙山、莲花山、四方岭、西大明山和都阳山。丘陵高程200~500m,相对高度50~300m,坡度15°~30°,处于山地与平原之间,由碎屑岩、花岗岩和碎屑岩与碳酸盐岩组成。丘陵面积约占广西总面积的8.48%,主要灾害为水土流失、崩沟及河流坍岸。滨海平原指西起钦州,东至合浦县山口近东西走向的北部湾畔平原,带状分布,北面靠山,南面濒海,地形没有大的起伏,由红层、碎屑岩或多层结构的土体组成,地质灾害为崩沟和水土流失。

第二节 区域水文地质

广西境内河流众多,主要分属珠江流域西江水系、长江流域湘/资江水系、红水河水系、百都河水系、桂南沿海诸河水系。其中,以西江水系在广西境内分布最广,集雨面积占广西土地面积的85.7%。各河流补给以降雨为主。广西大多数地方年降水量在1250~1700mm之间,分布上形成三个多雨区(十万大山东南侧的东兴至钦州一带;大瑶山东侧以昭平为中心的金秀、蒙山一带;越城岭至大苗山东南以永福为中心的兴安县、灵川县、融安县、融水县一带。年降水量均在2000mm以上)和两个少雨区(以田阳为中心的右江河谷及其上游的"三林"一带;以宁明为中心的明江、左江河谷至邕宁一带。年降水量在1250mm以下)。广西各地降水多集中于春、夏两季(3—8月),一般占全年降水量的75%以上,秋、冬两季(9月—次年2月)降水量较小,占全年降水量的25%左右。广西有四个暴雨中心:桂南多暴雨区,包括钦州地区大部和玉林地区南部,年平均暴雨日数6~15d;桂北多暴雨区,包括桂林地区中部和大苗山区,年平均暴雨日数7~8d;桂东多暴雨区,包括梧州地区中部和大瑶山区,年平均暴雨日数6~8d;桂西多暴雨区,包括凌云、巴马、都安、马山、上林等地,年平均暴雨日数6~7d。

广西地下水类型有岩溶水、基岩裂隙水、裂隙孔隙水、孔隙水和热矿水。岩溶水赋存和运移于碳酸盐岩及钙质砾岩的岩溶管道和溶蚀裂隙中,是广西最重要的地下水类型,其补给来源主要为大气降水,其集中规律受岩性、层组结构、岩溶发育程度、构造、地貌等因素制约,而构造是主导因素。广西地质构造复杂,岩溶水赋存、运移和排泄的条件也很复杂。基岩裂隙水赋存和运移在岩石的构造裂隙和风化裂隙中。碎屑岩、变质碎屑岩、硅质岩、混合变质岩裂隙发育,为层状基岩裂隙水含水层,补给来源为大气降水,以分散的裂隙性近源排泄汇成溪流为主,比较集中的泉水排泄次之。基岩裂隙水具有明显的水文年周期性变化。在丘陵缓丘宽谷地区动态变化一般比较稳定,在构造、断裂发育地区,地下水富集的谷地动态稳定;在中、低山峡谷地区或区域分水岭地带,地下水动态不稳定或极不稳定;在植被覆盖率达50%以上的地区,地下水动态较稳定。裂隙孔隙水赋存于红层盆地内砂岩等碎屑岩的裂隙孔隙中,为层间承压水。因含水层多呈透镜状包含在隔水层之中,接受补给和储水能力弱,一般水量较小。由于水循环交替缓慢,动态变化周期长,不具有水文年变化特征,水位年变幅多小于1m,动态稳定。孔隙水赋存于河流冲积层、山前冲洪积层、滨海堆积层的砂砾石层、砂层等松散岩类中,分布不广,水动态具有年周期性变化特征,但变幅小,水位年变幅多小于5m,地下水动态稳定。热矿水是地下水在运移过程中溶解地层、岩石中的矿物质或受构造作用影响,并以热矿水的形式出露地表,形成矿泉或热矿泉。

第二章

CHAPTER 02

广西区域岩土体特性

第一节　岩土体类型分布与特征

广西有137个岩石地层单位,划分为5个岩组,其中广西最主要的第四系土体为1个岩组,细分7个岩组:岩浆岩岩组、混合变质岩岩组、碳酸盐岩岩组、碳酸盐岩与碎屑岩相夹岩组、碎屑岩岩组、"红层"岩组和松散难积层岩组。岩浆岩岩组主要分布在桂北、桂东北和桂东南地区,主要地质灾害为土地流失。混合变质岩岩组主要分布在云开大山一带,容县天堂山出露最多,具有块状和层状岩石特点,主要地质灾害是水土流失,次为崩塌。碳酸盐岩岩组在桂东北至桂西南大面积连续分布,桂西零星小面积出露,主要特征为可溶性,主要地质灾害是渗漏和塌陷。碳酸盐岩与碎屑岩相夹岩组主要分布在碳酸盐岩岩组外围,除桂中北部有大面积分布外,其余地区多呈条带状出露,岩溶发育程度弱至中等,且不均匀,主要地质灾害为渗漏和滑坡。碎屑岩岩组由海相砂岩、页岩和泥岩组成,主要分布在桂北、桂东南和桂西,因砂岩、页岩和泥岩的坚硬程度和单层厚度差别大,以及褶皱成山地质时期和内、外力地质作用等不同,岩石的破碎程度差别较大,各地碎屑岩岩组地质灾害发育程度不一。"红层"岩组由中新生代陆相地层组成,主要分布在桂东南和桂西南地区,岩石成岩程度低,受构造运动的影响小,多为低山、丘陵盆地地貌,人类工程活动改造较强,主要地质灾害是水土流失和崩沟。松散堆积物岩组由第四纪冲、洪积层和残积层组成,为具单层、双层和多层结构的土体,有一般性土和特殊土的区分。一般性土有黏性土、砂性土和碎石土三种,特殊土有红黏土、膨胀土和软土三种。松散堆积物岩组主要分布在江河两岸和滨海地区,组成平原或台地地貌。主要地质灾害是水土流失、崩沟与河岸失稳。

第二节　不良岩土体

不良岩土体主要有浅层岩溶、含煤岩体、含膏岩体、花岗岩风化壳、膨胀土、红黏土和软土等。浅层岩溶为早期形成的岩溶因地壳下降而被泥土充填覆盖的岩溶,对建筑物基础和水利水电工程不利,会产生不均匀沉降和水库渗漏。含煤岩体有下石炭统寺门组、下二叠统龙潭组、上二叠统合山组、侏罗系大岭组和西湾群、第三系邕宁群以及第四系南康组,主要地质灾害是矿坑突水和巷道变形。含膏地层有下白垩统新隆组、永福群,上白垩统罗文组以及第三系那读组,目前尚未发现含膏岩体的岩溶现象。花岗岩风化壳内常残留坚硬花岗岩的球状块体,使风化壳具有纵、横向软硬不均的特性,建筑物基础易产生不均匀沉降,导致建筑物变形。膨胀土具有含水膨胀、干燥收缩的特性,为工程地质的不良土体。广西百色、南宁、上思、宁明、贵港桥圩等盆地、岩溶地区的红黏土、河流阶地中的黏土,均有胀缩性。红黏土是广西岩溶地区广泛分布的残积特殊土,具高塑性、上硬下软的特点,有明显的收缩性,裂隙发育,为膨胀土的一种。主要地质灾害是地裂和毁坏建筑物。软土包括淤泥、淤泥质黏土等。软土抗剪强度低,透水性极差,处于软塑~流塑状态,软土未经处理不能作为地基使用,否则将导致不均匀沉陷,破坏建筑物。

第三章

CHAPTER 03

广西区域主要环境地质问题

一、水土流失

广西地形、地质条件复杂,雨量充沛,且时间上较集中,大雨、暴雨较多,冲蚀力强,极易造成水土流失,岩溶区和非岩溶区水土流失有明显区别。

岩溶区的水土流失。碳酸盐岩抗冲能力强,水的作用主要为溶蚀。溶蚀过程中,易溶物质被流水带走,少量不溶的残余物质形成土壤,而且形成速度极其缓慢。一旦流失速度超过形成速度,土壤将流失殆尽,岩石裸露,仅裂缝中有少量残留,最终产生石漠化。

非岩溶区的水土流失。广西各类土壤,由于母岩岩性不同,抗水蚀的性能不一。花岗岩风化残积、堆积物流失最为严重,红层岩石风化物流失次之,砂页岩风化物流失最轻。山地丘陵地区坡耕地水土流失面积大,人口密度越大的地区,水土流失越严重。广西非岩溶区的水土流失以轻度和中度流失为主,分布于广西各地,以桂西、桂北及桂西南等地区的砂页岩组成的山区为主,多为坡耕地水土流失。强度以上水土流失主要分布于桂东南、桂南的花岗岩区,因陡坡开垦也可引发强度水土流失。

二、崩塌

崩塌是广西主要地质问题和灾害之一,分土质崩塌和岩质崩塌。土质崩塌主要分布于碎屑岩和花岗岩地区,主要原因是残坡积层较厚,结构松散。若人工边坡坡度大,则会在降雨的激发下,因重力作用而发生崩塌。岩质崩塌主要分布于碳酸盐岩地区,主要原因是在降雨入渗水的楔劈作用下,岩石节理、裂缝不断扩大贯通,在重力作用下发生崩塌,以滚石形式崩落,并造成危害。

三、滑坡

滑坡是广西主要的地质问题和灾害之一,分土质滑坡和岩质滑坡。土质滑坡主要是由于广西以山地为主,地形坡度大,山麓残坡积物分布广,结构松散,降雨时雨水入渗残坡积物的裂隙中,并对裂隙起到楔劈作用,使裂缝不断扩大,形成滑坡面,在重力作用下产生滑坡。自20世纪90年代至今,人类工程活动频繁,滑坡也越来越多。岩质滑坡是由岩石组成的滑坡体沿岩层面或节理、裂隙面滑动形成的滑坡。据统计,约33%的滑坡分布于桂北、桂东北地区,约31%的滑坡分布于桂东南地区,其余零星分布在桂中、桂西北及桂西南,特别是公路、铁路建设造成沿路两侧较为密集发生滑坡。

四、泥石流

泥石流的形成,大都与崩塌、滑坡有关,危害也很大,但分布范围较小。泥石流分沟道泥石流和坡面泥石流。沟道泥石流以沟道为流通区,在沟口堆积,一般规模较大,流通距离长,占广西泥石流总数的92.31%。坡面泥石流在坡面形成及流通,在坡脚堆积,一般规模较小,流通距离短。

总体来说,崩塌、滑坡、泥石流具有毁坏水电、交通设施和工业、民用建筑物,毁坏农田、耕地、堵塞河道,淤积水库等多种危害,必须采取防治措施。

第四章

CHAPTER 04

广西高速公路边坡滑坡病害

第一节　滑坡类型及其稳定性分析

一、滑坡类型

高速公路边坡滑坡的类型众多,其形成的环境、表现出的特征等均有所差异,通过滑坡分类可归纳概括滑坡作用的表象特征与产生原因,以进一步指导相关勘察、治理工作的开展。根据不同依据,可将滑坡可分为不同类型。

依据发生时间,可分为新生滑坡和老滑坡。

依据动力形式,可分为牵引式滑坡、推移式滑坡和复合式滑坡。

依据物质组成,可分为岩质滑坡、半成岩滑坡、土质(类土质)滑坡三大类,每个大类又可再细分为几个小类(图1-4-1)。

图1-4-1　滑坡类型示意图

二、滑坡变形过程及其稳定性分析

根据滑坡发生过程的分析可知,这是一个内、外部系统不断协调的结果,当外部系统变化导致内部系统调整幅度超过坡体自身失稳临界状态时,就出现了滑动情况。如:降雨会导致滑坡体渗流场改变,坡体内部应力场就会进行调整以维持系统平衡,但是若降雨强度过大,坡体内部结构之间的有效应力急剧降低,从而引起坡体变形,如图1-4-2所示。滑坡的变形主要可以分为5个阶段:蠕动阶段、挤压阶段、微滑阶段、剧滑阶段、压密阶段。

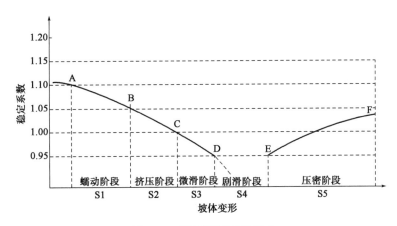

图 1-4-2 滑坡变形过程示意图

根据高速公路路堑边坡滑坡发生情况的统计分析可知,其主要影响因子可归纳为内、外两种,前者是滑坡形成的必要条件,后者则是滑坡形成的充分条件。滑坡的主要影响因子见表1-4-1。

滑坡的主要影响因子　　　　表1-4-1

影响因子		内容	影响机理
内在因子		地形地貌、地层岩性、地质构造、新构造运动等	提供了滑坡发生最基本的形成条件
外在因子	自然因子	气象水文、水文地质、风化与部分新构造运动(地震、河流冲刷、冻融)	诱发了滑坡的发生,有两种规律。①同时性:滑坡在外在因子发生过程中受其诱发而发生。②延时性:滑坡的发生稍晚于外在因子的作用时间,延时时间与滑坡自身稳定性、人类活动强度有关
	人为因子	人类工程活动(此处指高速公路施工作业)	

第二节　滑坡治理措施

高速公路路堑边坡滑坡常用治理措施和思路主要分为四大类:一是维持滑坡现状;二是截排水;三是力学平衡;四是滑带改良。在高速公路边坡滑坡处治中,必须要根据实际情况合理确定治理重点、选择治理措施,通过对现场滑坡情况、基本特征及稳定性分析,提出相应的治理方案,切实保证工程施工安全。滑坡常用治理措施如图1-4-3所示。

```
维持滑坡现状              截排水              力学平衡              滑带改良

                    地    ┌滑坡外围截排水    ┌减重工程
                    表    │                  │反压工程
                    排   ┤滑坡周界内截排水   │支挡工程
                    水                        
                                             ┌挡土墙
                    工   ┌截排水沟       支   │抗滑桩
                    程   │夯填裂缝       挡  ┤锚固工程       ┌高压喷射注浆
                    措  ┤植物            工   │微型桩         │碎石桩
   ┌调整线路平面或纵面   施                  程   └抗滑明洞(棚洞)  │CFG桩(水泥粉煤灰碎石桩)
  ┤隧道纵面绕避                                                 ┤搅拌桩
   └桥梁跨越                              抗  ┌普通抗滑桩      │预制管桩
                    地   ┌截水盲沟(渗沟)  滑 ┤                  └石灰桩
                    下   │排水盲洞(隧道)  桩  └锚索抗滑桩
                    水   │仰斜排水孔
                    疏  ┤垂直排水孔        锚  ┌锚索工程
                    排   │集水井           固 ┤锚杆工程
                        │支撑渗沟         工   └钢锚管工程
                        └边坡渗沟         程
```

图 1-4-3 滑坡常用治理措施

第五章

CHAPTER 05

广西高速公路隧道主要病害

第一节 病害类型

涌水、塌方、溶洞是目前广西隧道工程施工中常见的地质病害。在隧道工程施工过程中,这三类地质病害均会对工程进度、安全、质量、成本产生重大影响,一旦发生将直接影响建设项目顺利推进,影响后续项目运营。

一、涌水

涌水是指围岩空隙中的地表水水源、地下水(岩溶水水源、裂隙水水源、孔隙水水源),因压力作用使其涌出。涌水是目前我国隧道工程施工中常见的地质灾害之一,同时也是隧道工程施工过程中发生概率最高的地质灾害。因隧道建设开挖导致地下水受影响,在多重作用的影响下,就可能会出现涌水问题,给工程项目顺利推进带来较大的困难。

二、塌方

塌方是隧道工程施工过程中较为常见的地质灾害之一。隧道开挖过程中,引起塌方的因素主要有自然因素(包括地下水变化、受力状态、地质状态等)以及人为因素(包括不当的施工作业方法、不合适的设计等)。广西大规模的喀斯特发育地貌特点使得隧道掘进过程中出现大量的含泥沙的涌水,而大量水土的流失,最终导致岩体发生塌方。塌方事故的发生给隧道工程施工带来较大的困难,不仅延误工期,还需要增加大量的成本。

三、溶洞

岩溶的复杂性、发育不规律性等特点,导致高速公路隧道施工过程中频繁遇到各类溶洞,如大型厅堂式溶洞、填充型溶洞等。

第二节 防治措施

一、突泥涌水

隧道施工过程中涌水问题的防治主要遵循"预防为主、疏堵结合、注重保护环境"的原则。防治过程中主要采用井点降水、坑道排水、超前钻孔排水、开挖后补注浆堵水、超前围岩预注浆堵水等措施。其中,井点降水和超前钻孔排水是常用的两种方式。施工人员根据施工现场情况,采取合理的堵水或者排水措施防治涌水。同时,对隧道进行动态监测,监测隧道涌水情况,建立健全预警机制,对重点部位进行防范。

二、塌方

在通常情况下,对塌方防治而言,需对围岩在整体上进行加固稳定与增大强度。在施工过程中较为常见的处理方式有超前长管棚和超前锚杆两种,这些措施都可以顺利实现围岩的稳定工作与强度增强工作,从而使得隧道的塌方发生概率大幅降低。另外,在掘进过程中根据现场实际情况合理选用锚杆支护或导管注浆技术,对隧道围岩进行加固处理,从而提高围岩稳定性,保障施工安全。

三、溶洞

在隧道施工中遇到岩溶时处治通用原则是保证隧道的衬砌结构有足够安全性、在可预见期内洞穴的稳定性、原有水流通道不被阻断、方案较为经济适用。隧道过溶洞处置方式有增设边墙梁、行车梁、支墩、承托纵梁、拱桥,加大隧道净空宽度跨度,跨越岩溶或对隧道周边岩体进行封闭、加固、加强衬砌处理等。

第二篇 PART 02
边坡工程地质灾害处治案例

第一章

CHAPTER 01

顺层路堑边坡滑坡

第一节 "卸载+挂钢筋网喷混凝土+挂铁丝网喷播基材+坡脚支挡+深层排水"处治多雨区顺层、破碎、地表水易下渗的高大路堑边坡滑坡

一、案例背景

(一) 工程概况

广西某高速公路 K88+760~K89+120 段路堑边坡为八级边坡,最大高度78.3m,场地属丘陵地貌,右高左低,地面高程在554~676m之间,自然坡度为28°~33°,地表植被以茶树为主。

(二) 原设计情况

原设计为八级边坡,最大高度约80m,边坡坡率自下而上为1∶0.75,1∶0.75,1∶0.75,1∶1.0,1∶1.0,1∶1.0,1∶1.25,1∶1.25。第一、二级采用挂铁丝网喷播基材绿化防护,第三、四、五、六级采用满布预应力锚索框架梁+框架内挂铁丝网喷播基材,第七、八级采用喷播植草,局部段边坡二级平台为村道改路平台,宽度5m。原防护设计图如图2-1-1所示。

二、病害描述

(一) 滑坡发展过程

2018年10月,开挖施工至第二级边坡顶部。根据开挖揭示,该段存在构造破碎带,节理裂隙发育,岩体破碎,完整性差,局部为土质。后续开挖过程中各级平台发生局部浅层垮塌,已无法满足改路平台5m及改路需求宽度。经指挥部、设计、监理、施工单位的四

方商定,对原设计改路位置进行相应调整,并对第一、第二级防护进行加强。2019年2月,第二级边坡开挖成型,第一级边坡局部开挖至坡脚,第一、二级防护尚未施工完成。2019年3月,边坡后半段发生整体滑动。滑坡体后缘距离山顶约10m,高差约为6m,滑坡壁有基岩出露,岩层产状与前缘产状基本一致。滑坡壁高差为3～5m,两侧剪切裂缝最大裂缝宽度为1.2m,最大高差约1.5m,位移为3～6m,右侧格构梁沿伸缩缝发生滑动破坏,相对位移为4～6m。滑坡体内部发育多条张拉裂缝,坡面已基本解体,前缘鼓出0.5～1m,二级坡顶部改路已错断破坏,相对高差约为5m。

(二)滑坡结构特征

根据地质调绘、勘探及位移监测,确定了滑面平均深10m;根据位移监测结果,对监测点的数据在平面图展布,位移方向呈直线,由监测点的位移方向推测滑动方向为78°,与路线走向夹角为109°;滑坡体以碎块状强风化砂岩为主。滑坡方量约为90000m³,为中型中层顺层牵引式滑坡。图2-1-2所示为处治前现场。

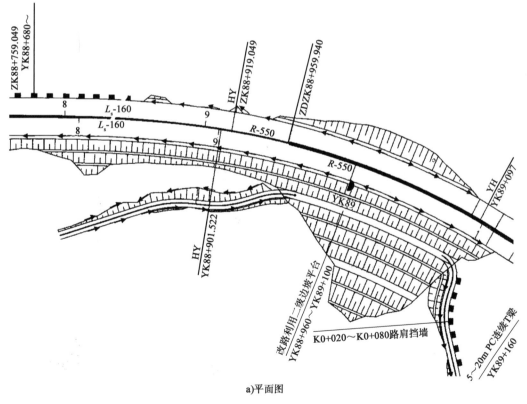

a)平面图

图 2-1-1

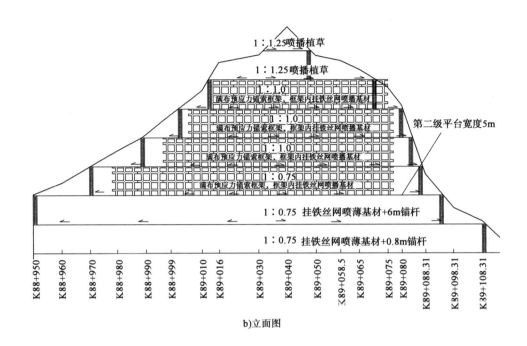

b) 立面图

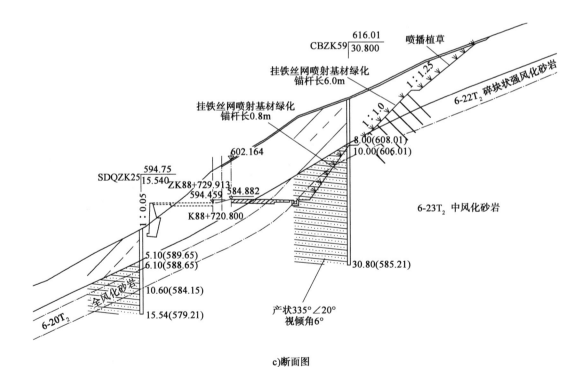

c) 断面图

图 2-1-1 原防护设计图（尺寸单位：m）

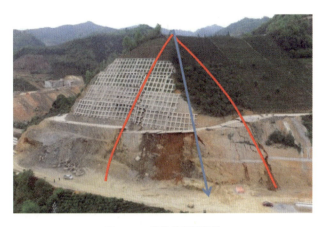

图 2-1-2 处治前现场照片

三、处治方案

(一) 工程地质条件

1. 地形地貌

如图 2-1-3 所示,勘察区属低山地貌,地形起伏大,地面高程为 577.0~670.0m,相对高差约为 93.0m,自然坡角为 15°~35°;地表为第四系残坡积土层覆盖,地表植被较发育,主要种植茶油树等经济林。

图 2-1-3 场地地形地貌照片

2. 地层岩性

根据地质调查及钻探揭露,勘察区地层主要由坡积层(Q^{dl})及三叠系中统(T_2)砂岩组成,地层由上至下描述如下。

(1)第四系粉质黏土(Q^{dl})。棕黄色,硬塑,土质较均匀,韧性中等,干强度中等,无摇震反应,含少量强风化砂岩碎石。钻探揭示层厚12.50~16.70m,土、石工程分级属Ⅱ级普通土类,其主要物理力学性质指标推荐值:重度$\gamma=19.5kN/m^3$,黏聚力$c=50kPa$,内摩擦角$\varphi=16°$,承载力基本容许值$[f_{a0}]=220kPa$,摩阻力标准值$q_{ik}=60kPa$。

(2)三叠系中统碎块状强风化砂岩(T_2)。灰黄色,细粒结构,中厚层状构造,局部夹薄层状页岩,岩质稍软,岩体较破碎,裂隙较发育,送水回转进尺较快,冲洗液返回,岩芯多呈块状,采取率约为56%。钻探揭示层厚13.50~16.70m,按岩石坚硬程度划分属软岩,土、石工程分级属Ⅳ级软石,其主要物理力学性质指标推荐值:重度$\gamma=24kN/m^3$,黏聚力$c=80kPa$,内摩擦角$\varphi=25°$,承载力基本容许值$[f_{a0}]=650kPa$,摩阻力标准值$q_{ik}=120kPa$。

(3)三叠系中统中风化砂岩(T_2)。深灰色,细粒结构,中厚层状构造,含钙质,局部夹薄层页岩、泥岩,岩质坚硬,岩体较完整,送水回转进尺较慢,冲洗液返回,岩芯呈短长柱状,采取率约为91%。钻探揭示层厚6.80~19.50m(未揭穿),岩石单轴饱和抗压强度平均值为56.80MPa,按岩石坚硬程度划分属较坚硬岩,土、石工程分级属Ⅴ级次坚石,其主要物理力学性质指标推荐值:重度$\gamma=27kN/m^3$,黏聚力$c=210kPa$,内摩擦角$\varphi=50°$,承载力基本容许值$[f_{a0}]=1500kPa$。

3. 地质构造

滑坡区上部多为第四系坡积层,下伏基岩为三叠系中统粉砂岩,岩石风化裂隙有二组较发育,产状分别164°∠32°,频数为4~6条/m;250°∠66°,频数为3~5条/m。裂隙面多有铁质渲染及泥质充填。岩层产状52°~70°∠33°~42°,岩层层面倾向与边坡坡向夹角约为25°,为顺层坡,结构面平直光滑,泥质充填或无充填,抗剪强度较低。岩体产状如图2-1-4所示。

滑坡区底部存在一条构造破碎带(图2-1-5),产状124°∠75°,宽20~25m,构造带导致附近岩体风化严重,较破碎,土层较厚,易于富水,稳定性较差。

4. 地震效应

根据《中国地震动参数区划图》(GB 18306—2015),勘察区抗震设防烈度为Ⅶ度,设计基本地震动加速度峰值为0.10g,设计地震分组为第一组,设计加速度反应谱特征周期为0.35s。场地对建筑抗震属一般地段。

a)岩体破碎　　　　　　　　　　　　b)层理清晰

图 2-1-4　岩体产状

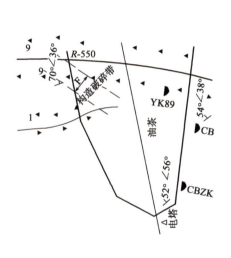

a)构造破碎带位置　　　　　　　　　　b)构造破碎带岩性

图 2-1-5　构造破碎带

5.水文地质条件

经地质调查,场地附近的地表水主要为滑坡两侧沟谷的季节性汇水,降水是其主要补给来源,旱季水量较小。地下水主要为松散岩土层内的孔隙水及基岩裂隙水,边坡开挖期间未见明显地下水。

(二) 原因分析

根据滑坡现场调查、地质勘察、变形监测等技术手段联合分析,该滑坡病害发生原因,影响该滑坡变形发展并形成灾害的主要影响因素有:顺层坡、坡脚存在构造破碎带导致岩体破碎、自稳性差是滑坡的内因,人工开挖形成临空面是滑坡发生的主要外因。

1. 主要内因

岩层层面倾向与边坡坡向夹角约为25°,属于顺层坡,结构面平直光滑,层间结合差。存在构造破碎带,导致坡脚岩土体破碎松散,自稳性能差。坡积层较厚,富水之后下滑力增加,抗剪强度降低,坡脚基岩发生楔形体滑动后,牵引上部堆积层滑动。

2. 主要外因

路堑边坡的开挖,使开挖坡脚地带形成了高、陡的临空面,导致坡脚位置应力集中,破坏力学支撑,降低了坡体的抗滑能力,干扰了边坡土体的原有平衡状态,为边坡变形提供了足够的空间。

(三)制定处治方案

滑坡处治初期,共设计卸载清方、抗滑桩支挡、清方+锚杆(索)防护三种方案结合截排水等措施进行比选。2019年4月,由项目公司主持召开专家评审会,对三种方案进行了充分讨论,与会专家结合安全、经济、环保、施工等因素进行充分比选后,确定卸载清方方案,具体方案如下:

边坡坡率全部调整为1∶1.5,按层面清方,第二级坡顶改路平台宽度7.5m,其余平台宽度2m。

第一、二级边坡采用挂铁丝网喷播基材+0.8m锚杆防护,第三、四级采用喷射C20混凝土+钢筋网防护,第五~八级采用喷播植草绿化;第一级坡脚K88+940~K89+040段增设路堑矮墙。

第一、三级坡脚,第四级K88+920~K89+030段坡脚,分别设置一排仰斜式排水管,长度15m,纵向间距5m。

急流槽设置间距15m,根据现场实际情况可适当进行调整。

处治方案防护设计图如图2-1-6所示。

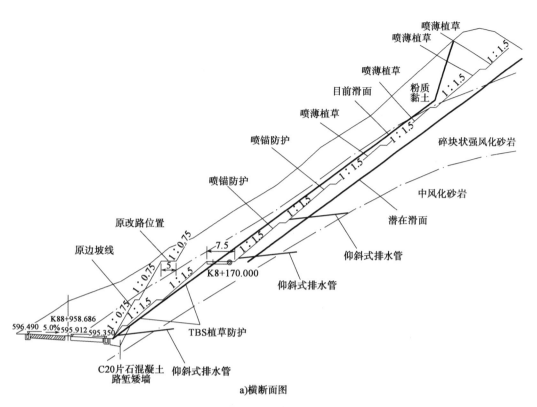

a) 横断面图

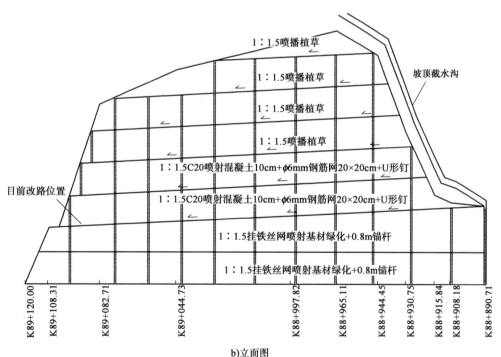

b) 立面图

图 2-1-6 处治方案防护设计图

(四) 处治费用

该处理方案所增加的工程量主要为土石方开挖、挂铁丝网防护、深层导水管、封闭混凝土等工程量。该边坡治理总费用为440.9万元，工程实体增加投资412.6万元，占总费用的93.6%，经济技术指标为1794万元/km；补征永久用地13.78亩❶，增加投资28.3万元，占总费用的6.4%，经济技术指标为123万元/km。

四、处治效果

目前该边坡处治已依既定处治方案实施完毕，坡面防护、排水设施完善，监测数据显示，该边坡已稳定。处治后现场如图2-1-7所示。

图2-1-7 处治后现场照片

五、经验总结

（1）本案例中边坡为顺层高边坡，层理面光滑，且存在破碎带，开挖后极易发生滑坡病害，边坡周围无重要结构物，但是中部存在村道改路，需要考虑村民出行需求，在选择治理方案时应充分考虑工期要求，采用清方处理方案，既能保证边坡安全稳定，工期合理，也是较为经济的方案。

（2）顺层高边坡滑坡处治应尽量考虑选择清方、放缓边坡的处理方式进行处治，同时应注意兼顾地表排水及边坡内部排水，形成完备的防排水系统，破碎带需采用混凝土全

---

❶ 1亩≈666.67m²。

封闭处理坡面,防止水从坡顶及坡面渗入。

(3)在今后高速公路选线过程中,要加强高边坡前期地质勘察,尽量避开顺层高边坡,同时做好施工过程中的监测工作,实时掌握边坡的动态变化,及时进行动态设计,指导现场施工作业,保证施工安全。

第二节 "抗滑桩+预应力锚杆(索)格梁(部分坡面)+预应力锚墩挂网喷射混凝土+深层排水"处治多雨区顺层、破碎、地表水易下渗和邻近重要构筑物的高大路堑边坡滑坡

一、案例背景

(一)工程概况

广西某高速公路YK80+123~YK80+251右侧路堑边坡滑坡点距离S206线约50m。滑坡区属丘陵地貌,地面高程520~651m,原始地形坡度为22°~30°,地表为第四系残积地层覆盖,局部地段见基岩出露,地表植被较发育,主要种植灌木。

(二)原设计情况

原设计为四级路堑边坡,最大高度约44m,第一级边坡坡率为1:0.75,第二、三、四级边坡坡率为1:1,第二、三级采用间隔预应力锚索防护,锚索平均长度22m和28m。施工之前对设计方案进行复核后发现,该处为顺层边坡,原方案偏弱,因此在第一、二、三、四级改用满布预应力锚(杆)索防护,锚索平均长度分别为30m、28m、22m、17m。原设计边坡防护设计图如图2-1-8所示。

二、病害描述

(一)滑坡发展过程

边坡在第二、三、四级防护施工完成后,进行第一级边坡开挖施工防护过程中发生滑

坡。滑坡体沿路线长约 80m，垂直路线方向约 70m，高 53m，平均厚度约 12m，滑坡面积约 4300m²，体积约 5 万 m³。滑坡后缘高程约 637m，水平距离坡顶的 S206 线约 50m，高差约 14m；水平距离坡顶房屋 30m，高差约 12m。前缘剪出口位于右幅路基中部，距离下方沟谷约 225m，高差约 64m。

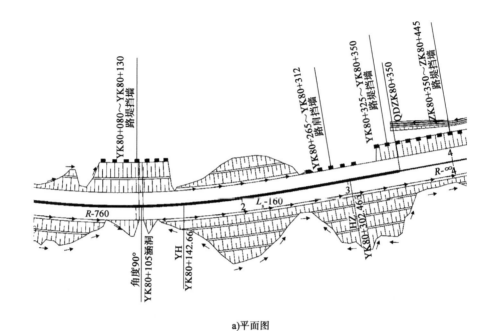

a) 平面图

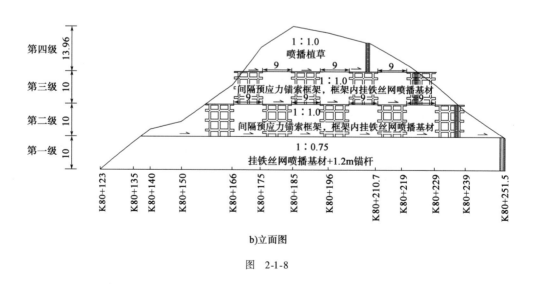

b) 立面图

图 2-1-8

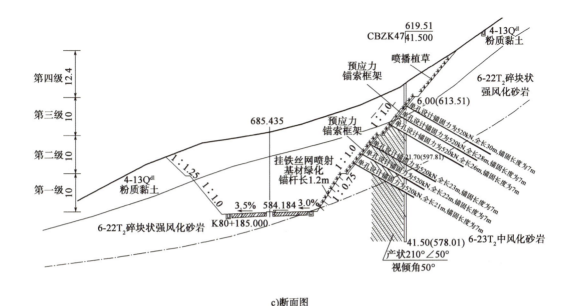

c) 断面图

图 2-1-8　原设计边坡防护设计图(尺寸单位:m)

(二) 滑坡结构特征

滑坡体上半部分以粉质黏土和砂土状强风化砂岩为主,下半部分以粉质黏土、砂土状强风化和碎块状强风化砂岩为主。滑坡床上半部分以岩土界面为主,即以碎块状强风化砂岩岩面为主,下半部分主要为层理面。滑坡体后缘位于坡顶截水沟外侧 24m 左右,裂缝宽 100~150cm,高差 2~4m,后缘滑床有基岩出露。

根据现场情况和位移监测结果,确定滑坡体范围,滑坡体滑动方向 58°,与路线夹角 90°,滑坡方量约为 5 万 m³,主要为强风化岩,少量中风化岩和粉质黏土,滑动面平均厚约 12m,介于 6~20m 间,为中型岩质中层牵引式滑坡。处治前现场如图 2-1-9 所示。

图 2-1-9　处治前现场照片

三、处治方案

(一) 工程地质条件

1. 地形地貌

滑坡区属丘陵地貌,地面高程520～651m,原始地形坡度为22°～30°,地表为第四系残积地层覆盖,局部地段见基岩出露,地表植被较发育,主要种植灌木。

2. 地层岩性

根据勘察成果,滑坡区从地面依次向下主要地层及特征如下:

(1)粉质黏土:棕黄色,硬塑,韧性中等,干强度中等,无摇震反应,层厚3～5m。土、石工程分级属Ⅱ级普通土类。

(2)6-12碎块状强风化砂岩(T_2):灰黄色、灰色,砂状结构,薄层状构造～中厚层状,泥质、钙质胶结,裂隙发育,岩质较软,破碎,岩芯呈碎块状,块径2～6cm,个别短柱状。层厚14.5～30m,岩石饱和单轴抗压强度平均值为11.7MPa,土、石工程分级属Ⅳ级软石。

(3)6-13中风化砂岩(T_2):灰色、深灰色,砂状结构,薄层状构造～中厚层状,泥质、钙质胶结,层理以倾向70°、倾角37°为主,K80+220后层理为倾向277°、倾角74°,裂隙较发育～发育。据岩石试验成果,岩石饱和单轴抗压强度平均值为40.1MPa,按岩石坚硬程度划分属较坚硬岩,土、石工程分级属Ⅴ级次坚石。

3. 地质构造

滑坡区上部多为第四系坡积层,下伏基岩为三叠系中统砂岩,岩石风化裂隙有两组较发育,产状分别为138°∠31°,5～7条/m,240°∠72°,3～6条/m;裂隙面多有铁质渲染及泥质充填,部分无充填。岩体结构面发育,平直光滑,局部有泥质充填,结合程度差,岩体呈碎裂状结构,完整程度属于较破碎。

边坡走向310°,K80+120～K80+220段坡脚位置岩体层理产状70°～110°∠22°～66°,滑坡段产状70°∠37°,和边坡坡向夹角30°,视倾角33.1°,为顺层坡,属于不利组合。坡顶滑床位置岩层产状80°∠66°,视倾角59.8°。岩体产状如图2-1-10所示。

图 2-1-10　岩体产状

该段边坡共见有两条构造破碎带 F1 和 F2。其中 F1：走向为 64°左右，倾向和倾角不明，宽度约 10m，两侧岩层产状变化大，沟谷地形；F2：地表出露，钻孔 ZK3 揭露，走向为 42°左右，近直立，宽度变化较大，介于 1～12m 之间，带内岩石风化较强，岩芯呈石夹土状，两侧岩层产状变化大。构造破碎带如图 2-1-11 所示。

a) F2构造破碎带现场照片

b) F2构造破碎带钻孔(ZK3孔内)

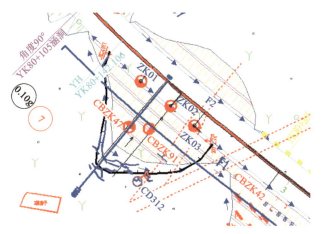
c) 构造破碎带平面位置

图 2-1-11　构造破碎带

4. 地震效应

根据《中国地震动参数区划图》(GB 18306—2015)，勘察区抗震设防烈度为Ⅶ度，设计基本地震动加速度峰值为0.10g，设计地震分组为第一组，设计加速度反应谱特征周期为0.35s。场地处边坡处，地形较陡，对建筑抗震属不利地段。

5. 水文地质条件

场地附近的地表水主要为滑坡两侧沟谷中的小溪水，雨季大气降水汇集于沟谷中，向北东向的低洼处排泄径流，降水是其主要补给来源，旱季水量较小。地下水主要为基岩裂隙水，赋存于砂岩的风化、节理裂隙中，裂隙多泥质充填，连通性较差，赋水条件一般，主要接受大气降水补给，以沿裂隙渗流形式或受地形切割排出地表，山体斜坡部位受地形影响，地下水补给与排泄快，水量贫乏。勘察期间，地下水位埋深为23～30m。

(二) 原因分析

根据滑坡现场调查、地质勘察、变形监测等技术手段联合分析该滑坡病害发生原因，影响该滑坡变形发展并形成灾害的主要影响因素如下。

1. 内因

一是岩层倾向与坡向夹角为30°～40°，前缘视倾角为33.1°，后缘视倾角为59.8°，为不稳定组合。二是场区有构造破碎带分布，带内岩石裂隙发育、破碎，呈石夹土状。构造破碎带两侧岩石受其影响，裂隙发育，岩体破碎，完整性差，不利于边坡的稳定。三是框架梁嵌入深度不足导致底部土体流失，进而预应力损失，发生渐进式破坏。

2. 外因

一是路堑边坡的开挖，形成了高、陡的临空面，破坏坡脚力学支撑，降低了坡体的抗滑能力，干扰了边坡土体的原有平衡状态，为边坡变形提供了足够的空间。二是滑坡场区降雨量大、持续时间长，地表水对坡面冲刷严重，引起水土流失；运移于斜坡中的地下水，一方面湿润饱和了斜坡土体，使土体自重增加，另一方面使土体间产生了软化带，加剧了土体间的潜蚀软化作用，抗剪强度显著降低，对边坡的整体性和抗剪强度造成了较大的影响。三是地下水水力坡度较大，其循环交替作用强烈，在坡体中形成一定的动水压力，也是滑坡产生的不利影响因素之一。总体来说，强降雨是变形发展的最直接因素。

(三) 制定处治方案

对该滑坡处治,最初提出了三种方案进行比选。方案一为圆形抗滑桩支挡;方案二为方形抗滑桩桩支挡;方案三为卸载清方。经组织设计、监理、施工单位以及相关专家进行充分讨论,认为方案一开挖量及征地较小,对目前坡体扰动较小,施工较安全,工期较短,但造价较方案二、三造价高;方案二方形抗滑桩桩加固造价较低,抗滑性能较好,但施工工期长,风险大;方案三卸载清方,仍需采用了大量的预应力锚索,对锚索施工工艺要求较高,施工过程中存在失稳风险,且坡顶距离S206及居民房屋较近,失稳后,破坏后果严重。最后,与会人员结合经济、安全、施工工期等方面因素,对上述三个方案进行综合比选后,拟定圆形抗滑桩支挡方案,具体如下:

(1)支挡:K80+160~K80+232段坡脚位置设置直径2.5m抗滑桩,桩长23~25m,桩间距4m,共19根;桩顶设置3根6束预应力锚索,锚索长35m,锚固段长10m,锚固力750kN,张拉力600kN;悬臂段设置桩间板,桩身及挡土板混凝土强度等级为C30。

(2)第一级K80+138~K80+160及K80+232~K80+251段采用预应力锚杆框架梁防护,锚杆长17m,锚固力373kN。

(3)第二级边坡设置6束预应力锚索框架梁防护,锚索长度28m,锚索施工之前对坡面喷射5cm混凝土,提高坡面承载力。

(4)第三级边坡修整完毕后,采用挂网喷射混凝土处理。

(5)第四级坡面采用6束预应力锚墩防护,锚墩施工之前对坡面进行挂网喷射混凝土处理。

(6)地表排水:边坡坡顶线外5m位置设置截水沟,可以按实际地形接顺。另外在后缘裂缝外侧依据实际地形设置第二道截水沟,所有截水沟应与涵洞、山间冲沟或坡顶急流槽接顺;桩顶设置上挡式截水沟,各级平台截水沟需接顺。另外,对坡顶外侧裂缝用黏土夯填封闭处理。

(7)地下水排水:在第二、三级坡脚做超长斜式排水孔,平均长度30m,排水孔间距5m。在具体施工过程中,应根据施工揭示地层及含水状态等实际情况调整孔位、孔数和孔深,以排水孔正常出水率达50%以上为宜,确保平孔排水工程效果。处治方案设计图如图2-1-12所示。

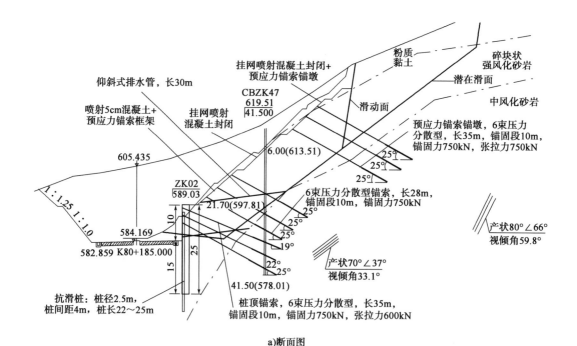

a) 断面图

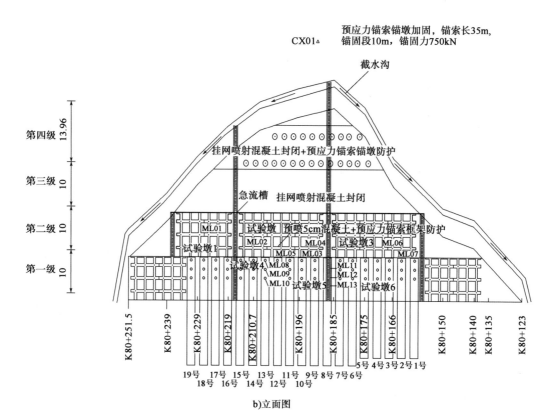

b) 立面图

图 2-1-12 处治方案设计图(尺寸单位:m)

(四)处治费用

处治方案包括增加抗滑桩(ϕ2.5m 圆桩)、6ϕ15.24mm 1860 级无黏结预应力锚索框架、预应力锚墩、深层导水管、封闭混凝土等工程量。原设计的 4ϕ15.24mm 1860 级无黏结预应力锚索框架和框架内绿化相关工程无须进行施工。处治前预算总金额为 385.6 万元,其中包括建安费 343.4 万元,土地征用及拆迁补偿费 42.2 万元。处治后预算总金额为 1086.6 万元,其中包括建安费 1022.1 万元,土地征用及拆迁补偿费 64.5 万元,处治增加造价 700.9359 万元。

四、处治效果

在滑坡处治过程中,设计单位遵循边坡动态设计原则,结合现场施工情况,对局部处治方案进行微调,并设置 1 道监测断面、3 个监测孔和 19 个桩顶移动观测点,对抗滑桩进行施工过程及永久性监测。根据监测结果,目前边坡整体稳定,处治效果良好。图 2-1-13 所示为处治完成现场。

图 2-1-13 处治完成现场照片

五、经验总结

(1)路堑边坡的开挖,形成了高、陡的临空面,破坏坡脚力学支撑,降低了坡体的抗滑能力,破坏边坡土体的原有平衡状态,若碰上连续强降雨,雨水入渗导致土体重度加大和强度降低,极易引起的中型岩质滑坡。

(2)本案边坡属于顺层坡,同时存在破碎带,滑坡段距离S206近,坡顶有房屋,按普通的清方卸载方案对边坡扰动较大,继续施工下挖,容易造成省道及房屋的安全隐患。因此,采用抗滑桩+挡板对坡脚加固,坡面采取预应力锚杆(索、墩)及格构梁加固,兼顾做好坡面及坡体排水设施,形成完善的排水体系。虽然增加了工程投资,但能对滑坡山体进行彻底处治,确保省道、房屋、边坡等重要结构物的稳定。

(3)本案滑坡段地质情况复杂,应采取全面规划、分步实施的方针,通过施工监测与动态设计,适时调整滑坡整治工程措施和施工方案,保证工程施工安全,尤其是临时排水,施工单位应根据仰斜排水孔出水量做好平台临时排水系统,使得坡体出水能够及时汇排至边坡外。

(4)勘察阶段要重视地质调绘工作,准确查明岩层产状及其变化情况,若施工中发现地质条件变化较大,应及时调整防护设计方案。

第三节 "卸载+抗滑桩+坡脚支挡+喷播防护+深层排水"处治多雨区自然坡度大、顺层(含破碎节理面)、破碎和地表水易下渗的高大路堑边坡倾倒变形

一、案例背景

(一)工程概况

广西某高速公路项目沿线地形地质极为复杂,施工过程中,某服务区主线路段左侧及服务区右侧局部段边坡产生开裂、滑移,经专家分析为比较罕见的边坡倾倒变形破坏,同时边坡位于服务区进口,转弯半径较小,形成弧形三面坡,边坡变形机理复杂。

(二) 原设计情况

1. 服务区主线左侧边坡

边坡高度56m,第一、二级边坡坡率为1:0.75,二级以上边坡坡率为1:1。第一、二、三级边坡采用20m锚索框格梁防护;第四、五级边坡采用12m锚杆框格梁防护,框架梁间坡面作挂铁丝网喷射厚层基材绿化防护;第六级边坡采用喷播植草防护。原服务区主线左侧边坡防护设计图如图2-1-14所示。

2. 服务区主线右侧边坡

边坡高度42m,第1级边坡设置悬臂长12m的抗滑桩;1级以上各级按1:1坡度放坡,坡面采用12m锚杆框架梁防护,框架梁间坡面作挂铁丝网喷射厚层基材绿化;每10m设一级边坡平台,平台宽1.5m。原服务区主线右侧边坡防护设计图如图2-1-15所示。

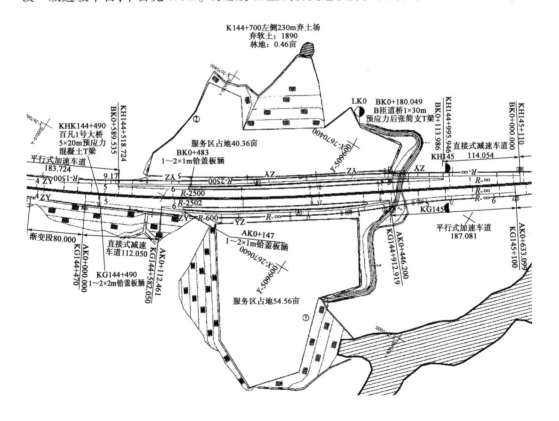

a)平面图

图 2-1-14

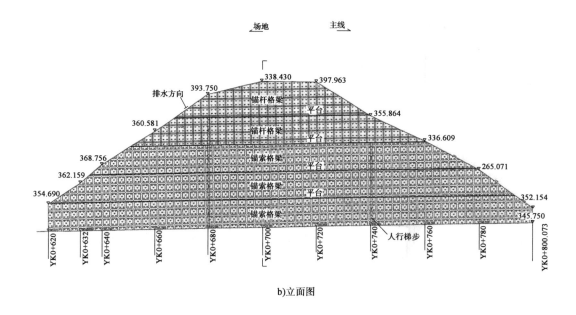

b)立面图

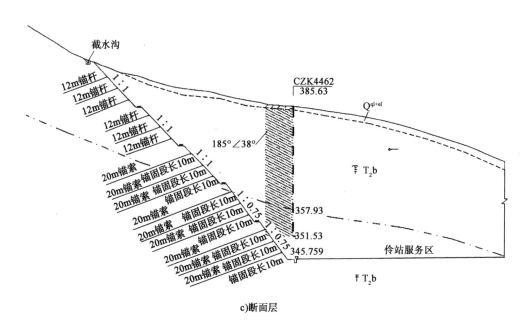

c)断面层

图 2-1-14 原服务区主线左侧边坡防护设计图(尺寸单位:m)

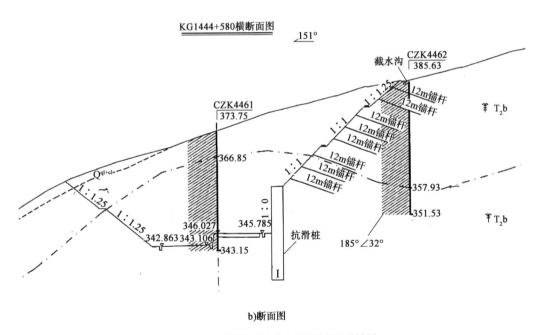

图 2-1-15　原服务区主线右侧边坡防护设计图

二、病害描述

(一)滑坡发展过程

2017年4月初开始施工,至2017年9月中旬,第三至六级边坡开挖基本完成。2017年9月22日,第四至六级边坡发生开裂鼓起现象;2017年10月14日,坡面右侧出现裂缝,裂缝范围自坡顶开挖线向后延伸约58m。2018年4月完成了地质补充勘探,因边坡破坏原因较为复杂,专家认为提出的卸载+钢管群桩的处治方案不够合理。2018年7月20日,项目公司主持召开第三次专家评审会,确定采用卸载+抗滑桩方案。2019年1月初,边坡自上而下卸载至第一级时,第二至四级边坡局部出现裂缝。

(二)变形体结构特征

变形体多以剪切裂缝为主,且每逢雨季有加剧的趋势。裂缝(LF1~LF6)延伸长度为3.5~5.0m不等,张开宽度为10~20cm,最大达25cm,深度一般为0.5~1.0m,延伸较平直。变形体主要发育6处典型张拉裂缝及剪切裂缝。倾倒变形体前、后缘高程为102~141m,高差约为39m,变形体中下部较陡,坡度为30°~40°,上部较为平缓,坡度为10°~20°。整体平面形态呈"圈椅"地形,主滑方向173°,纵向长155m,横向宽65~140m,平面面积1.58万m^2。变形体前缘薄,中后部厚,厚度为4~22m不等,平均厚度为13m。处治前右侧、左侧现场分别如图2-1-16、图2-1-17所示。

图2-1-16 处治前右侧现场照片

图 2-1-17 处治前左侧现场照片

三、处治方案

(一) 工程地质条件

1. 地形地貌

地貌以低山、斜坡为主,东南高、西北低,风化强烈。公路修建对勘察场地的改造为坡脚开挖,坡面临空方向212°,坡度较陡,局部大于45°,分布高程390~440m。斜坡坡面主要为公路开挖坍塌面、低矮灌木,部分为种植茶树的耕地,坡脚前部的耕地间为一条常年流水河沟,宽约15m,沟床深约20m,流向东偏北方向。场地地形地貌如图2-1-18所示。

图 2-1-18 场地地形地貌照片

2. 地层岩性

根据地质调查和钻探揭露,边坡场地地层主要为第四系残坡积层(Q_4^{el+dl})和三叠系中统板纳组上段(T_2l)基岩。

(1)第四系残坡积层粉质黏土(Q_4^{el+dl}):黄褐色,硬塑,夹少量角砾,稍有光泽反应,干强度及韧性中等,表层含植物根系,揭示厚度2.0~3.0m,属Ⅲ类硬土。

(2)三叠系中统兰木组上段(T_2l)基岩:主要为泥质砂岩,局部夹有细砂岩、页岩等,黄褐色~灰黑色,泥质结构,薄层状构造,岩石较软,遇水易崩解。

边坡附近未发生倾倒岩层产状为292°/SW∠61°;倾倒岩层产状为310°/NE∠46°。主要发育两组节理:J1:12°/NW∠31°;J2:15°/SE∠75°。岩体产状图如图2-1-19所示。

a)倾倒区岩层产状

b)未倾倒区岩层产状

c)两组主要结构面

图2-1-19 岩体产状图

3. 地质构造

区域地质构造为向斜,属旋卷构造体系的外旋层,为向南突出的半环状褶皱,轴线呈弯月形,长约15km,宽约3km,轴部地层为三叠系中统兰木组(T_2l),两翼地层为三叠系中统板纳组地层,北东翼岩层倾角40°~60°,南西翼岩层倾角20°~40°。区内未见断裂构造通过,区域地质稳定性一般。

4. 地震效应

根据《中国地震动参数区划图》(GB 18306—2015),本区地震动峰值加速度为0.05g,地震动反应谱特征周期为0.35s,抗震烈度为Ⅵ度。

5. 水文地质条件

工程区内无地表水体,对该边坡影响较大的主要是左右侧缘发育的两条无名冲沟,会影响变形体整体稳定性。变形体所在处主要为斜坡地貌,地形坡度较大,地表径流条件较好。在边坡前部可见常年性地表水通过,地下水类型主要是基岩裂隙水。根据邻近工点所取地下水水样的水质分析试验结果,依《公路工程地质勘察规范》(JTG C20—2011)附录K判定,区内环境水对混凝土具微腐蚀性,对钢筋混凝土结构中的钢筋具微腐蚀性。

(二)原因分析

根据前述变形破坏特征分析,可知其发生、发展过程与地形地貌、地质构造及地层岩性等地质环境条件密切相关;而降雨、人类工程活动等外动力条件是形成和发展的主要诱发因素。

(1)地质环境条件是倾倒变形产生的内因。一是以泥质粉砂岩夹页岩为主的岩性,且岩层走向与坡面基本一致,岩层陡倾于坡内(倾角约为61°),属顺层坡,岩体在自身重力的长期作用下,倾倒变形就会发生;二是天然斜坡的坡度较陡,局部大于40°,发生倾倒的斜坡最小坡角都在30°以上;三是该边坡的岩层倾角较陡,现场实测未倾倒岩体岩层陡倾坡内,倾角61°,发生倾倒变形主要集中在50°~80°之间;四是根据现场实际调查,该边坡岩体主要发育两组节理,分别为J1:12°/NW∠31°,J2:15°/SE∠75°,其中J1缓倾坡外且切割层面,潜在折断面沿J1和层面的不利组合,为倾倒变形提供了良好的地质环境条件。

(2)降雨。降雨对该边坡变形破坏的影响主要表现为两个方面。一是降雨直接沿裂隙或孔隙入渗,使坡体下部的原状残坡积土体软化,降低了其力学强度,坡体更易产生变形。二是在上部斜坡区,降雨沿裂隙(缝)入渗,在排水不畅的情况下,会产生较大的静水压力,使坡体进一步产生拉裂变形;在下部斜坡区,降雨沿松散坡体的孔隙下渗,使坡体地下水位上升,产生的动水压力也进一步降低了坡体的稳定性。

(3)人类工程活动。坡脚前缘的开挖为倾倒变形的形成创造了良好的临空条件。在公路修建过程中,在边坡前部大面积开挖又未采取及时的支挡,改变了原有的自然坡面形态,从而改变坡体的天然应力状态,前缘形成减载,减小了前部的抗滑力,前缘坡脚的开挖对边坡的稳定性有较大的影响。

(三)制定处治方案

滑坡处治初期,共设计卸载、卸载+钢管群桩、卸载+抗滑桩三种方案结合坡面防护、截排水等措施进行比选。经过边坡病害分析,在逐步掌握变形情况及机理的情况下,修正了卸载+钢管群桩的处治方案,采用卸载+抗滑桩方案。2019年2月22日,项目公司第四次组织专家组对现场进行踏勘,召开处治方案优化评审会,审议通过了在边坡腰部沿主滑方向(第八级平台)增设一排抗滑桩方案,并优化原卸载+抗滑桩方案中第一排抗滑桩的位置及数量。具体如下:

(1)支挡:①在服务区范围内,于坡脚处设置矮挡土墙及锚拉桩,锚拉桩桩长22~24m,桩间距为4m,桩径$d=2.2$m;主线范围内,于一级平台附近,即剪出口位置,布设锚拉桩,桩长27m,桩间距为4m,桩径$d=2.2$m;锚拉桩距桩顶下方1m处布设一道锚索,锚索长30m,入射角度30°。②在高程392~393m附近平台处设置一道30~40m长锚拉抗滑桩,锚索长度为45m,入射角度为30°。

(2)卸载放坡:锚拉桩桩顶以上坡面按1:1.5坡率放坡,每高5m设1个平台,平台宽2m。

(3)坡脚墙:在AK0+128~AK0+218、YK0+633~YK0+750设置坡脚挡土墙。

(4)地表排水:滑坡周界设置截水沟,同时做好平台及坡面排水,并对平台进行硬化封闭。

(5)坡面防护:全坡面采用挂网喷播防护绿化。

(6)深层排水:两道抗滑桩桩顶每间距10m设置一排深层泄水孔,孔深20m,入射角度10°。

(7)监测:分别于KG144+570剖面、YK0+710剖面、YK0+750剖面布设3条监测线监测地下位移;在抗滑桩顶设置20个观测桩监测地表变形;同时埋设相应设备进行全球导航卫星系统(Global Navigation Satellite System,GNSS)监测、雨量监测、裂缝监测、应力应变监测。

处治方案设计图如图2-1-20所示。

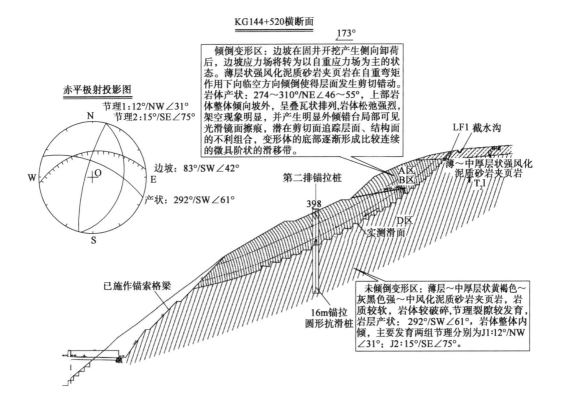

工程地质模型:
A区(倾倒——折断区):薄层状泥质砂岩发生强烈的"悬臂梁"式倾倒——折断,形成缓倾坡外的张剪性折断破裂带,近地表浅层折断岩体沿倾向坡外的折断面发生宏观的重力坠覆位移。岩体整体上呈镶嵌碎裂及块状结构、局部散体结构,处于强烈的卸荷-松弛状态。
B区(倾倒——张裂区):倾倒变形导致薄层状泥质砂岩岩层之间张裂,出现宽大的张裂缝,岩层局部折断,倾倒角的变化范围一般为5°~10°,岩体发生张裂-松弛变形,且普遍发生较为强烈的张裂变形总体块状结构、局部镶嵌碎裂结构,完整性相对较差。
C区(倾倒——松弛区):泥质砂岩倾倒角很小(<5°)或几乎无倾倒。岩层间仅发生张裂变形,岩体内部局部出现数量拉张破裂。岩体总体处于张裂-松弛的弱卸荷状态,块状结构,具有相对较好的整体。
D区(松弛张裂区):为坡体深部由于外侧倾倒变形而影响形成的弹性松弛区,未见倾倒,仅见节理面局部松弛-张裂变形。岩体呈块状-整体结构,基本为系状岩体。

a)右侧边坡防护断面图

图 2-1-20

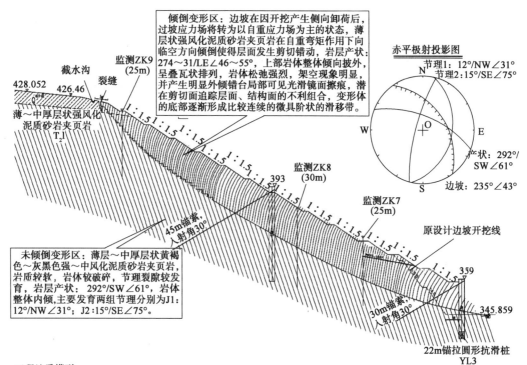

b) 左侧边坡防护断面图

图 2-1-20　处治方案设计图

(四) 处治费用

处治工程量增加主要为开挖土石方约 36.51 万 m^3、抗滑桩($\phi 2.2m$ 圆桩)2573m、挡土墙 1162.66m^3、坡面绿化防护 2.84 万 m^2、排水设施 3476.6m^3，主要减少工程量为原设计坡面防护及排水相关工程量。项目处治前预算总金额 1133.18 万元，处治金额 4628.03 万元，其中建安费 4450.17 万元，工程建设其他费用(征拆、植被恢复、地籍权属调查) 177.86 万元。处治增加造价 3494.85 万元。边坡处治长度为 100m，经济指标为 46280.3 万元/km。

四、处治效果

目前该变更已依处治方案实施完毕,坡面防护、排水设施完善,监测数据显示,该边坡已稳定。处治完成后的现场如图 2-1-21 所示。

图 2-1-21　处治完成后现场照片

五、经验总结

(1)本案中滑坡体主要由上覆土体和强风化岩构成,按边坡滑坡处治的一贯做法,是对滑塌体进行卸载清除,从而放缓边坡,使边坡达到稳定状态。卸载方案虽然可以把组成滑坡体的土层清理完毕,但导致薄层状强风化岩层裸露于地表,受风化、降雨等的不良因素影响,薄层状强风化岩层仍会进一步发生倾倒弯曲变形,造成边坡二次滑坡,常规卸载处治方案不够彻底。抗倾倒方案虽然增加了工程投资,但能彻底地对滑塌山体进行处治,能确保边坡稳定。

(2)由于目前边坡勘察手段的单一性,在对边坡特别是碎屑岩边坡防护方案的设计中应严格遵循"动态设计"原则。在边坡施工过程中,工程技术人员须及时根据边坡揭露的实际地质条件,重新验算边坡稳定性,及时调整边坡防护方案,确保边坡稳定。在边坡施工过程中,应严格遵循开挖一级防护一级的理念,尽量避免雨季开挖,及时完善边坡排水系统。

第四节 "卸载+抗滑桩+锚索(杆)格梁"处治多雨区顺层、破碎、牵引型隧道洞口仰坡滑坡

一、案例背景

(一)工程概况

广西某高速公路 KC121+925~KC122+050 段边坡属剥蚀丘陵地貌,山体自然坡度为 25°~35°,山顶呈浑圆状,山脊走向为近东西向,设计路线自北向南延伸,山体表层植被发育,多为桉树。

(二)原设计情况

因滑坡发生范围为隧道洞顶设计红线以外,属山体原状地形地貌,无须人为施工开挖,故无原设计方案。

二、病害描述

(一)滑坡发展过程

2018 年 7 月 25 日,受强降雨影响,山脊西南侧发生滑坡,滑坡范围沿路线方向长约 120m,垂直路线方向长约 130m,主滑面方向与路线夹角约为 40°。滑坡前缘高程约为 456m、后缘高程约为 551.5m。由于发生滑坡路段为隧道洞口上方,隧道右洞掌子面附近初期支护拱顶掉块,滑坡体从右洞左侧拱腰处剪出,造成隧道初期支护坍塌,初期支护坍塌段落为 KC121+984~KC122+005,长 21m,距设计出洞位置约为 10m。

(二)滑坡结构特征

山体坡脚发生滑塌,隧道 KC121+984~KC122+005 段发生冒顶,滑坡进一步发展,

坡面出现张裂缝，山体中部发生错台，裂缝继续延伸，在山顶处形成环形滑坡后壁。滑坡面积约为7038m²，滑坡体平均厚度约为11m，体积约为77000m³。边坡平面图如图2-1-22所示，处治前现场图如图2-1-23所示。

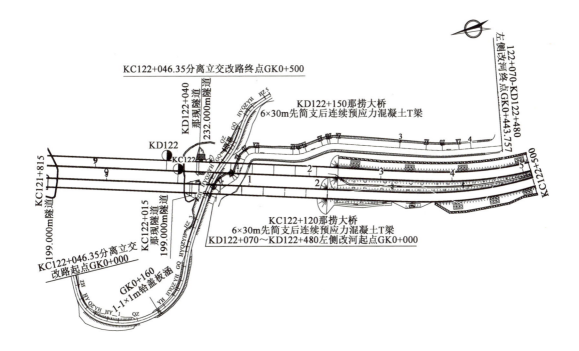

图2-1-22　边坡平面图

图2-1-23　处治前现场照片

三、处治方案

(一)工程地质条件

1. 地形地貌

勘察区属剥蚀丘陵地貌。补充勘察时,山体上出现大量裂缝,局部出现了垮塌现象,山坡内正在施工的高速公路隧道暂停开挖。

2. 地层岩性

根据地质调查和钻探揭露,边坡场地地层主要为第四系坡残积层(Q_4^{el+dl})和三叠系中统板纳组(T_2b)基岩。

(1)第四系坡残积层(Q_4^{el+dl})粉质黏土:红黄、黄色,硬塑,韧性差,干强度高;角砾含量约20%,粒径在2~20mm之间,个别粒径大于40mm,多呈棱角状,母岩成分多为砂岩。表层含植物根系,各钻孔均揭露该层,揭示厚度2.80~7.80m,属Ⅲ类硬土。

(2)三叠系中统板纳组(T_2b)基岩:主要为砂岩,砂质结构,薄~中厚层状构造,岩石较硬。根据岩石风化程度不同,可分为强风化、中风化两层,其野外特征如下:

强风化砂岩:褐黄色,岩质软,岩体极破碎,节理裂隙很发育,泥质胶结,部分裂隙面见铁质浸染。岩芯多呈块状,少量短柱状,岩块手折可断或轻敲易碎,敲击声哑。各钻孔揭示厚度为7.40~19.60m,大部分属Ⅳ类软石,局部属Ⅲ类硬土。在强风化砂岩内存在多个裂隙、裂缝发育段,钻进过程中出现漏水等现象。

中风化砂岩:灰色,岩质较硬,岩体较完整,节理裂隙较发育,局部稍破碎。岩芯多呈短~长柱状,局部块状,岩芯敲击声脆。该层各钻孔均有揭露,揭示最大厚度为21.10m,未揭穿,属Ⅴ类次坚石。

3. 地质构造

据区域地质,本区发育的区域性构造为一侧向斜,轴线一线展布,轴向约330°,长约16km,宽约7km,轴部地层为三叠系中统兰木组(T_2l),两翼地层为三叠系中统板纳组(T_2b),北东翼岩层倾角为20°~45°,南西翼为20°~35°,两翼大致对称。勘察区位于该向斜的北东翼,岩层产状351°/SW∠41°。主要发育节理为J1:338°/SW∠65°,J2:46°/SE

∠83°。区内未见断裂构造通过,区域地质稳定性一般。

4. 地震效应

根据《中国地震动参数区划图》(GB 18306—2015),本区地震动峰值加速度为0.05g,地震动反应谱特征周期为0.35s,抗震设防烈度为Ⅵ度。

5. 水文地质条件

勘察区紧邻河流,河宽为8~20m,河水自南向北流淌,水量及流速受季节影响较大,据调查,河流长25.8km,集雨面积为77.5km^2,多年平均径流量为0.674亿m^3,在上洪汇入其他河流。地下水主要赋存于第四系覆盖层中的孔隙水及基岩裂隙水,勘察期间测得钻孔内无稳定地下水位。根据临近工点所取水样的水质分析试验结果,依《公路工程地质勘察规范》(JTG C20—2011)附录K判定,场地地表水和地下水对混凝土具微腐蚀性。

(二)原因分析

根据前述滑坡的变形分析,可知其发生、发展过程与地形地貌、地质构造及地层岩性等地质环境条件密切相关;而人类工程活动、降雨等外动力条件是致使滑坡形成和发展的主要诱发因素。

1. 地质环境条件是滑坡产生的内因

滑坡区岩性主要为强风化砂岩,薄~中厚层状,岩层产状351°/SW∠41°,节理产状J1:338°/SW∠65°、J2:46°/SE∠83°,岩质软,岩体破碎,裂隙发育,层间胶结差,加上顺层结构,为滑坡的形成提供了成熟的地质环境条件(图2-1-24)。

图2-1-24 顺层边坡地貌照片

2. 人类工程因素

山体隧道的开挖为滑坡的形成创造了良好的临空条件。在隧道修建过程中,KC121+984~KC122+005段发生冒顶现象(隧道埋深为36.5~16.5m),初期支护拱腰发生坍塌,破坏了坡体原有的平衡状态,从而改变坡体的天然应力状态,使得坡体应力重分布,临空面应力集中,进而产生层状岩体往外的蠕动变形。前缘形成减载,减少了坡体前部的抗滑力;后缘受前部的牵引形成滑坡后壁,滑坡变形破坏模式为牵引模式。下滑力主要来自滑坡中后部,在地表水入渗等因素的影响下,岩土体自重增加、力学强度降低,蠕动变形加剧,随着变形的累积最终形成整体性的滑动破坏变形。因此,隧道的掘进开挖是滑坡的形成主要因素之一。

3. 降雨

一是降雨直接沿孔隙及裂隙入渗,使坡体下部的原状岩土体自重增加、力学强度降低,坡体更易产生变形;二是降雨沿裂隙(缝)入渗,在排水不畅的情况下,产生较大的静水压力,使坡体进一步产生拉裂变形。

(三)制定处治方案

滑坡发生后,设计单位第一时间组织工程地质勘察,并于2018年9月中旬形成勘察报告。

依据勘察资料及现场实际情况,对滑坡特征、变形成因及稳定性分析,设计单位形成锚拉抗滑桩+卸载+锚索(杆)格梁及锚拉抗滑桩+部分卸载+锚索(杆)格梁两个对比方案,项目建设单位组织相关专家评审,最终确定采用锚拉抗滑桩+卸载+锚索(杆)格梁方案进行处治,具体为:

(1)对滑坡体进行卸载清除及支挡。为保证隧道的安全掘进及营运安全,在隧道KC121+976、KD121+993处设置一排长度为23~31m的锚拉圆形抗滑桩,单桩直径$d=2.2m$,桩间距为4m;抗滑桩间设置1道钢管群桩对边坡土体进行加固,钢管群桩系梁顶设计高程与抗滑桩齐平,隧道施工完毕后,进行反压回填。桩顶以上沿着强风化岩面放坡,坡率在1:0.75~1:1.15之间,两侧与滑坡外缘原地面逐步过渡;坡高每10m设置一道平台,平台宽2m。

（2）第1~4级边坡坡体采用锚索（杆）格梁进行防护，格梁间采用植草绿化，第4级以上边坡坡体采用锚固挂网喷植被混凝土进行防护。

（3）为防止雨水入渗，在边坡开挖线以外3m处设置坡顶截水沟，每级平台采用C20素混凝土封闭，并设置截水沟；于坡面设置3道人行步梯，兼做急流槽。

（4）为了保证边坡开挖施工过程以及运营安全，设置3道监测断面，共8个监测孔、18个观测桩进行。

处治方案设计图如图2-1-25所示。

（四）处治费用

处治前预算为739.1585万元（含隧道塌方段），处治方案预算为1928.1585万元，增加1189万元，处治长度为146m，变更后的经济指标为13206.6万元/km。

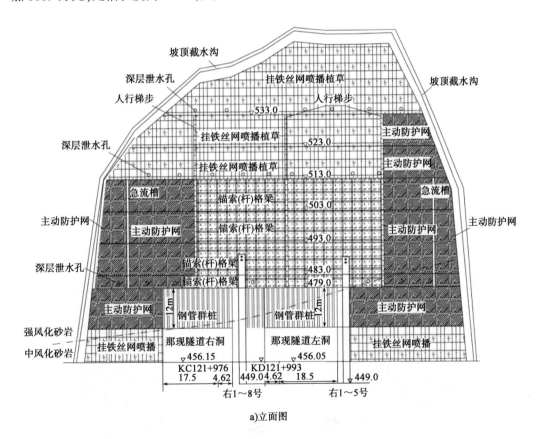

图 2-1-25

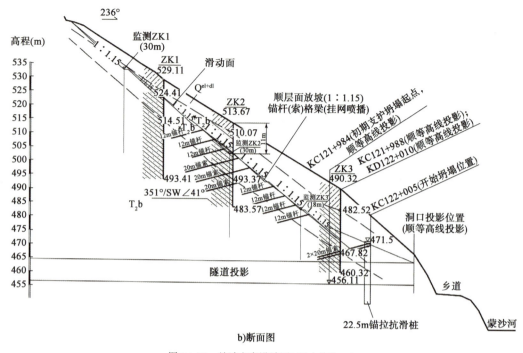

图 2-1-25　处治方案设计图(尺寸单位:m)

四、处治效果

在滑坡处治过程中,设计单位遵循边坡动态设计原则,结合现场施工情况,对局部处治方案进行微调,并设置3道监测断面,8个监测孔、18个观测桩进行施工过程及永久性监测。根据监测结果,目前边坡整体稳定,处治效果良好。处治后现场如图 2-1-26 所示。

图 2-1-26　处治后现场照片

五、经验总结

（1）隧道路线从山嘴穿过，浅埋、偏压，且岩层产状为顺层，大跨径隧道施工对山体稳定性扰动进一步增大，此类地形地质情况，隧道施工风险极大。在今后的项目中，隧道路线应尽量避免从山嘴穿过；若无法避免，应尽量将线位往山体内侧偏移，并对山体在隧道开挖扰动后的稳定性作充分的论证分析，避免类似情况再次发生。

（2）对此类隧道施工工程中，特别是顺层岩性的浅埋段，应加强临时支护、短进尺、弱爆破，加强施工过程监控。

（3）隧道洞口段发生拱顶坍塌、冒顶时，要充分重视并及时填充密实，防止其向上发展，继而形成仰坡失稳的事故。

第五节 "卸载+挂网喷射混凝土+坡脚渗沟"处治多雨区顺层、破碎、地表水易下渗和邻近重要构筑物的高大路堑边坡滑坡

一、案例背景

（一）工程概况

广西某高速公路 K51+120～K51+380 段为路堑段，山坡属剥蚀丘陵地带，自然坡角为 15°～25°，地表横坡较缓。坡顶开挖线外侧约 90m 丘顶上有通信塔。

（二）原设计情况

原设计为五级边坡，第一级边坡坡率为 1:1，第二、三、四、五级边坡的坡率为 1:1.25。第一、五级边坡防护形式为挂铁丝网喷播植草，第二、三、四级边坡防护形式为锚杆格梁+挂铁丝网喷播植草。第一级平台宽 4m 并采用锚筋桩加固防护，第三级平台宽 10m。第一次处治按照 1:1.5 的坡率对边坡整体放缓，一、三级平台加宽至 10m，一级坡脚采用柔性桩+挡土墙支护。原设计边坡防护设计图如图 2-1-27 所示。

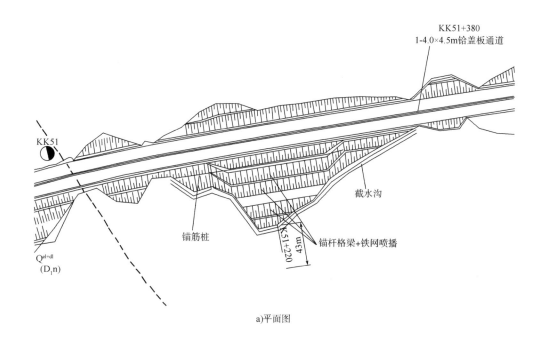

a) 平面图

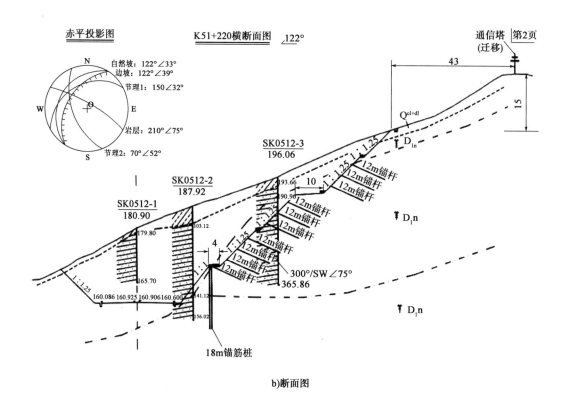

b) 断面图

图 2-1-27 原设计边坡防护设计图(尺寸单位:m)

二、病害描述

(一) 滑坡发展过程

2019年底,该边坡开挖至一级边坡后,第三级边坡10m宽平台出现裂缝,而后裂缝发展延伸至一级边坡。第一次处治方案决定清除滑坡体,坡面喷混凝土封闭,按照1:1.5的坡率对边坡整体放缓。2020年5月,在完成拆迁后开始进行刷坡喷混凝土处治,在处治施工过程中,发现第三级平台再次出现裂缝。当边坡开挖至第二级时,第四、五级坡面再次出现裂缝。

(二) 滑坡结构特征

根据地质调绘、勘探及位移监测,确定了滑面位置,滑坡体以强风化砂岩为主,边坡整体稳定性较差,属于中浅层滑坡。处治前现场如图2-1-28所示。

图2-1-28 处治前现场照片

三、处治方案

(一) 工程地质条件

1. 地形地貌

本段滑坡地处剥蚀丘陵地貌,场地地形起伏较大,多为林地,自然地面高程为144~225m。发育一条冲沟,冲沟表层为第四系冲洪积层覆盖,两侧为山峰及丘陵,覆盖残破积土层,未见基岩裸露。坡顶线外侧约90m丘顶上为通信塔。

2. 地层岩性

本段滑坡覆盖层为褐、黄褐色硬塑状残积粉质黏土,厚0.5~1.5m,下伏基岩为红褐、灰褐、青灰色中厚层状全~强风化砂岩,全风化层近土状,强风化层岩质较硬,岩体较破碎。

3. 地质构造

勘察区内未发现断层,无不良地质,山体岩层产状:300°/SW∠75°,节理面产状为J1:60°/SE∠32°,J2:340°/NE∠52°。

4. 地震效应

根据《中国地震动参数区划图》(GB 18306—2015),勘察区抗震设防烈度为Ⅵ度,设计基本地震动加速度峰值为0.05g,设计地震分组为第一组,设计加速度反应谱特征周期为0.35s。场地对建筑抗震属一般地段。

5. 水文条件

勘察区地表水体主要为冲沟蓄积的3处水塘,常年有水,水量受季节影响明显,雨季遭强降雨易溢出。地下水有两种类型:一类为赋存于第四系冲洪与残坡积层中的孔隙潜水,受大气降水补给,地下水量受季节性影响明显,勘察期间测得稳定地下水位为177.4~183.56m;另一类为基岩裂隙中的裂隙水,受地表径流和孔隙水补给,浅部基岩溶蚀裂隙相对较发育,地下水较丰富,深部岩体较完整,水量贫乏。

(二) 原因分析

滑坡形成包括内因和外因,内因主要有地形地貌因素、岩性因素、构造因素和水文因素;外因主要有持续强降雨和人类活动,具体为:

(1)内因:组成边坡以全~强风化砂岩为主,属于软质岩边坡。岩层走向与边坡方向一致,视倾角总体外倾,属于切层顺向边坡,对稳定性不利;节理面J1、J2的交线投影点位于边坡坡面投影弧后侧,属于不稳定结构;岩体较破碎,对稳定性不利;边坡后缘自然坡较高,边坡整体稳定性较差,边坡开挖后易发生中浅层滑坡。

(2)外因:边坡开挖至一级坡脚后未及时防护,坡脚应力集中导致边坡失稳;降雨引起坡体自重增加,同时降低了岩土体抗剪强度。

(三)制定处治方案

(1)对不稳定滑坡体进行卸载并放缓边坡,边坡坡率全部变更为1∶1.75,并将第1级平台加宽至6m,其余平台宽4m,以放缓卸载不稳定滑体。

(2)取消一级平台原设计锚筋桩,坡脚设置片石渗沟和矮挡土墙,墙背采用透水性材料回填。

(3)第一~四级边坡采用锚固挂网喷混凝土防护,要求边坡开挖后立即挂网喷混凝土封闭坡面,第五、六级坡面采用挂网喷基防护绿化。

处治方案防护设计图如图2-1-29所示。

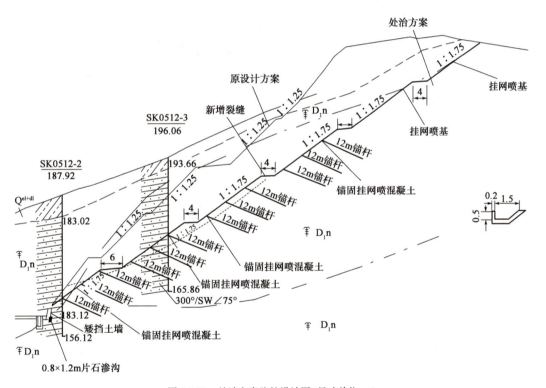

图2-1-29 处治方案防护设计图(尺寸单位:m)

(四)处治费用

该处理方案所增加的工程量主要为土石方开挖、锚固挂网防护和矮挡土墙、封闭混凝土等工程量,治理总费用为491万元。

四、处治效果

边坡治理于 2020 年 11 月 30 日完成,当前边坡稳定,支挡结构稳固,排水通畅,植被恢复效果较好,未发现有边坡开裂及滑塌的迹象。处治后现场照片如图 2-1-30 所示。

图 2-1-30　处治后现场照片

五、经验总结

（1）道路选线时,应尽量规避在路基上方不远地方存在信号塔或高压电塔等重要设施。

（2）如选线时无法避免附近有村庄或是高压电等情况,可以通过优化纵断面设计,减少开挖深度,降低安全风险;商讨处治方案时,应充分考虑有安全风险的重要结构物的迁移可行性。具备放缓边坡的路堑,可优先采取缓坡设计,减少开挖后自身失稳引起的滑坡。

（3）对稳定性较差的边坡防护设计中应严格遵循"动态设计"原则。在边坡施工过程中,工程技术人员须及时根据边坡揭露的实际地质条件,重新验算边坡稳定性,及时调整边坡防护方案,确保边坡稳定;在边坡施工过程中,应严格遵循开挖一级防护一级的理念,避免雨季开挖,并需完善边坡排水系统。

（4）在滑坡处置过程中,可以采用深层位移监测手段结合钻孔芯样对滑动面进行判断。

第六节 "卸载放缓+抗滑桩+挂网喷射混凝土+坡脚支挡"处治多雨区顺层、破碎的高大路堑边坡滑坡

一、案例背景

(一) 工程概况

广西某高速公路 K25+340~K25+500 段右侧边坡地属剥蚀低山丘陵地貌,斜坡沟谷地形,位于一近南北向山坡的东侧,自然坡度约为30°,地面高程在270~314m之间,相对高差约为44m。

(二) 原设计情况

原设计为三级坡,坡率全部为1:1,第一级边坡坡面为锚杆挂铁丝网喷播基材防护,第二级边坡坡面为锚杆挂铁丝网喷播基材防护,第三级边坡为拱形骨架喷播植草防护。原设计防护平面图如图 2-1-31 所示。

二、病害描述

(一) 滑坡发展过程

开挖过程中先后出现两次塌方,第一次塌方发生在开挖至第二级时,局部段第二级和第三级出现顺层滑坡,滑坡体呈典型簸箕状,滑体宽约30m,前后长约20m,厚度为5~10m,滑坡体前部鼓起,岩层呈分层挤出状,后部呈错落前推状,错落高差达2m。第二次为第一次滑塌后几天内,第一级中部至第二级中部出现滑塌,整体呈"宽簸箕状",同时导致第三级坡面出现多条纵向裂缝,此次滑塌范围 YK25+420~YK25+500,错落高度为0.5~1.5m。两次滑坡后,边坡开口线外侧山体地表出现裂隙,为北西—南东走向,与路

线走向夹角约45°,且裂缝距路线中线最远距离约为100m。

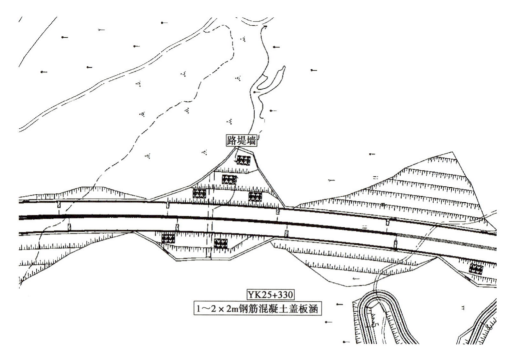

图 2-1-31　原设计防护平面图

(二) 滑坡结构特征

边坡主要为全～强风化泥质粉砂岩,属于类碎石土滑坡,滑坡体倾向于开挖面倾向相同,滑坡体宽约为 120m,长约 100m,厚度约为 10m,呈簸箕状,滑坡体面积约为 5000m²,滑坡体体积约为 5 万 m³。根据《公路工程地质勘察规范》(JTG C20—2011)以及结合勘察分析,此滑坡属于中型推移式滑坡。处治前现场照片如图 2-1-32 所示。

图 2-1-32　处治前现场照片

三、处治方案

(一) 工程地质条件

1. 地形地貌

该处边坡属构造侵蚀低山丘陵地貌,斜坡沟谷地形,位于一近南北向山坡的东侧,自然坡度为30°～50°,地面高程在270～314m之间,相对高差约为44m,场地植被茂盛,多为灌木及乔木。

2. 地层岩性

根据地质调查及钻探揭示,场地内地层主要由三叠系中统(T_2b)砂岩组成。根据岩石风化程度不同,可分为全风化、强风化、中风化三层,分述如下:

(1) 强风化砂质泥岩:褐黄色、浅黄色,结构构造已被破坏,可见风化裂隙面发育铁锰质薄膜。干钻可进尺,岩芯多呈土柱状,砂土状,场地内揭示厚度为9.00～11.00m。

(2) 强风化砂岩:灰色、灰黄色,砂质结构,厚层状构造,节理裂隙较发育,部分裂隙被方解石脉充填,个别裂隙面见铁锰质浸染,岩芯较破碎,多呈碎块状、短柱状,少量呈柱状,锤击声闷,岩芯失水无崩裂现象,钻探进尺较快。该层在勘探钻孔均有揭示但未揭穿。

3. 地质构造

根据区域地质资料并结合地质调绘,勘察区内未发现断裂构造;于勘察区附近测得岩层产状为90°∠18°,多闭合,局部微张,分布不规则,连通性较差。

4. 地震效应

根据《中国地震动参数区划图》(GB 18306—2015),区内基本地震动峰值加速度为$0.10g$,对应的地震基本烈度为Ⅶ度,基本地震动反应谱特征周期为0.35s。

5. 水文地质条件

勘察区地表水体主要为勘察区东侧的河流及低洼处的地表积水,其中河流为常年性流水河流,河宽30～45m,水深1～2m,水量、水位随季节性降雨变化,水位涨幅量达0.50～1.00m;低洼处的地表积水,主要接受大气降水补给,受季节影响较大。地下水主要为第四系松散岩类孔隙水和基岩裂隙水。

（二）原因分析

边坡土体多为全~强风化泥质粉砂岩，薄层状构造，岩土层面多为泥质胶结，遇水易软化，强度降低。根据现场钻探，推测滑面为全~强风化粉砂质泥岩与泥质粉砂岩交界面附近，埋深位于现开挖坡面以下9~10m，滑面产状与岩层产状基本一致，滑坡体主要为上部的全~强风化粉砂质泥岩。受构造影响，地层岩体较破碎，存在节理裂隙，前期地表出现了部分裂缝，加快了地表水的下渗，导致边坡整体呈"宽簸箕状"。

（三）制定处治方案

针对该边坡变形破坏机理和现场实际情况，采用卸载塌方体放缓边坡和加强支护的方式进行治理。具体如下：

(1)边坡按四级设置，自下往上坡率依次为1:1.75、1:2.5、1:2.5、1:2.5。

(2)第一级边坡平台设置圆形抗滑桩进行加固处置，抗滑桩直径为2m，桩间距为5m，桩型采用B型桩，坡脚增加护脚墙支护。

(3)第一级坡面采用拱形骨架植草防护，第二~四级坡面采用挂网锚喷防护。

处治方案防护设计图如图2-1-33所示。

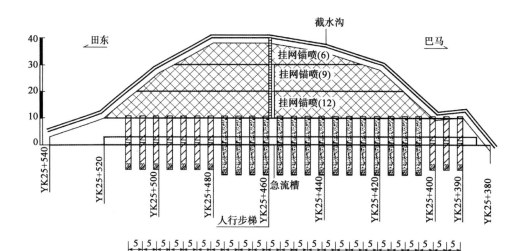

a)立面

图 2-1-33

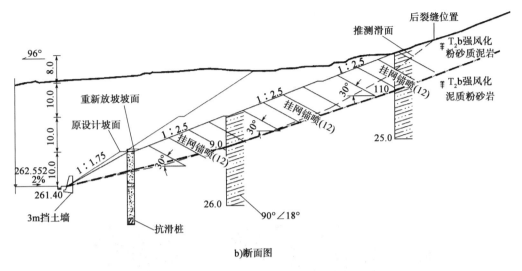

图 2-1-33 处治方案防护设计图(尺寸单位:m)

(四)处治费用

该处理方案所增加的工程量主要为土石方开挖、抗滑桩、坡面锚喷、坡脚挡土墙、拱形骨架等工程量。处治总费用为 464.7 万元,其中建安费为 417.7 万元,占总费用的 89.89%,经济技术指标为 2610.625 万元/km;补征永久用地 9.14 亩,费用为 47.0 万元,占总费用的 10.11% 经济技术指标为 293.75 万元/km。

四、处治效果

边坡治理于 2022 年 1 月完成一级坡抗滑桩施工,于 2022 年 3 月完成一级坡坡脚挡土墙施工。经后期监测,边坡已稳定,支挡结构稳固,无边坡开裂及滑塌的迹象。处治后现场照片如图 2-1-34 所示。

五、经验总结

(1)放缓边坡坡率:对于边坡顺层滑坡,根据坡体顺层夹角重新设置边坡坡率,坡率的设置应考虑将已产生的滑坡体全部清理完成,避免坡面滑塌虚土再次滑塌造成边坡再次失稳。

(2)每级边坡开挖完成后采用锚喷防护,具备防护施工快、施工质量易控制等特点;同时有效减轻边坡自身重量,快速有效封闭坡面,防止雨水侵入边坡土体,避免山体土层含水率增大,进而增加土体质量和降低岩土层的抗剪强度。

(3)在滑坡剪出位置处增设抗滑桩等支挡结构物可以较好实现支挡滑坡和支挡碎落土的效果。在坡脚处设置坡脚挡土墙结构,可起到加固边坡坡脚、提高抗滑桩抗倾覆能力的双重作用。

(4)边坡塌方治理方案必须综合考虑排水,根据现场实际排水路径完善排水系统,切勿忽略排水系统的设计及施工。

图 2-1-34　处治后现场照片

第七节 "放缓卸载+预应力锚索格梁(部分坡面)+锚固挂网喷射混凝土"处治多雨区顺层、可溶岩与非可溶岩接触带、岩体风化强烈的高大路堑边坡滑坡

一、案例背景

(一)工程概况

广西某高速公路 K42+460~K42+600 段右侧路堑边坡位于广西某村,属于互通主线分离式路基段,最大坡高约 85m,为 9 级边坡,实测坡率为 1∶0.75。场地地表植被发育,以原生乔、灌木为主。

(二)原设计情况

原设计为九级边坡,最大坡高约为 85m,每高 15m 设置一级,每级设宽 1.5m 平台,坡率为 1∶1。坡面防护形式为随机锚杆+挂主动防护网+植藤防护。原设计边坡防护设计图如图 2-1-35 所示。

二、病害描述

(一)滑坡发展过程

2022 年 1 月 3 日,在进行第一级边坡开挖和第三级坡面防护施工时(坡面防护第四~九级已完成随机锚杆、主动防护网施工),第一~三级坡面发生了坡体滑塌,且坡面多处可见宽 5~8cm、呈楔形状的裂缝。2022 年 1 月 18 日,边坡塌方进一步发育,塌方范围进一步扩大,塌方扩展至第六级边坡坡顶,受邻近爆破施工及隆梅隧道作业影响,第三级、第四级局部岩体破碎形成掉块。

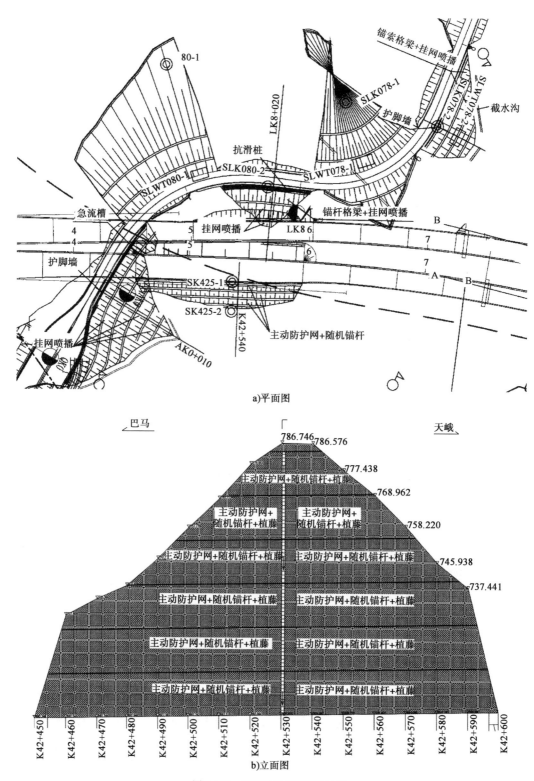

图 2-1-35 原设计边坡防护设计图

(二) 滑坡结构特征

边坡岩性为薄层灰岩,岩体风化强烈,节理裂隙发育,属顺向坡,底部受褶皱影响,对边坡稳定不利。第一次滑坡长度沿路线方向约为21m,高度约为28m,面积约为294m²,体积约为441m³;后续滑塌总面积为4360m²,塌方平均深度为7.5m。处治前现场照片如图2-1-36所示。

图 2-1-36 处治前现场照片

三、处治方案

(一) 工程地质条件

1. 地形地貌

勘察区位于峰丛洼地与剥蚀低山的过渡地貌,自然横坡30°~35°,植被以杂草~灌木为主。

2. 地层岩性

边坡开挖揭示,基岩为二叠系下统茅口阶灰岩夹泥质灰岩,褐黄色,中风化,薄层状构造,厚度变化大,岩体破碎,岩质较硬。本边坡位于天峨箱状背斜南翼的隆梅—察牙向斜褶皱区内,受褶皱作用影响,边坡不同区域岩石产状变化较大。

3. 地质构造

现场复核,岩层产状整体朝正东方向,第一~三级边坡中部岩层倾角相对较平缓,顶部及两侧较陡,整体呈上陡下缓特征。具体如下:

岩层产状为 1:88°∠27°,对应节理裂隙产状分别为 J1:241°∠89°,3~5 条/m;J2:330°∠87°,3~5 条/m。岩层产状为 2:95°∠50°,对应节理裂隙产状分别为 J3:205°∠86°,3~5 条/m;J4:330°∠87°,3~5 条/m。岩层产状为 3:164°∠56°,对应节理裂隙产状分别为 J5:34°∠81°,3~5 条/m;J6:330°∠87°,3~5 条/m。岩层产状为 4:107°∠43°,对应节理裂隙产状分别为 J7:5°∠84°,3~5 条/m;J8:249°∠71°,3~5 条/m。岩层产状为 5:115°∠53°,对应节理裂隙产状分别为 J9:128°∠75°,3~5 条/m;J10:7°∠83°,3~5 条/m。

产状 1 主要分布于第一~三级塌方区域内,产状 2 主要分布于第一级、第二级边坡中部,产状 3 主要分布于第一~三级岩性交界区域。产状 4 主要分布于第四级、第五级,产状 5 主要分布于第六~九级。设计稳定性验算采用岩层产状(114°∠56°)与产状 5 相当。边坡开挖面位于可溶岩与非可溶岩的交界面位置,局部坡面发育全风化钙泥质粉砂岩,呈硬土状,主要集中在边坡的两侧边角及第九级坡面。

4. 地震效应

根据《中国地震动参数区划图》(GB 18306—2015),项目所在区域地震动峰值加速度为 $0.05g$,地震动反应谱特征周期为 0.35s,对应地震基本烈度为Ⅵ度。

5. 水文条件

项目位于峰丛洼地与剥蚀低山的过渡区,气候属亚热带季风气候,四季分明,春季干旱少雨,夏季炎热多雨,秋季凉爽干燥,冬季寒冷少雪。地下水主要靠大气降水补给,受季节影响明显。区域南部大部分地区沟溪纵横,土质深厚。西北部地区为石山区,群峰罗列,绵亘重叠,干旱缺水,植被石漠化严重。

(二)原因分析

组成边坡以中风化灰岩为主,属于岩质边坡,抗冲刷能力强,对边坡稳定有利。岩层倾向总体向内侧,属于顺向边坡,对边坡稳定性不利;节理面 J1、J2 的交线投影点位于边坡坡面投影弧对侧,对边坡稳定有利;节理面 J1 与岩层面的交线投影点位于边坡坡面投影弧同侧,交角小于坡角,对边坡稳定不利;节理面 J2 与岩层面的交线投影点位于边坡坡面投影弧同侧,交角小于坡角,对边坡稳定不利。结论:边坡整体稳定性较差,位于构造发育的可溶岩与非可溶岩接触带,岩体风化强烈,且边坡已发生滑坡病害,需进行处置。

(三)制定处治方案

根据专家评审意见及结合现场塌方情况,推荐采用"边坡上部削坡减载,增设宽平台,坡面锚喷防护,第一级边坡锚索格构梁及绿化"处治方案,具体如下:

(1)各级按1:1坡率重新放坡,每15m分一级,第二级边坡采用10m宽平台,碎落台及其余各级平台宽1.5m。第一~三级K42+525~K42+546段作为过渡段接顺至已施工坡面。

(2)第一级采用锚索格构梁进行防护。采用Ⅰ型锚索,单根长20m,共5排,入射角$\theta=15°$,抗拔力设计值为400kN。

(3)第二~六级采用锚固挂网喷混凝土进行防护,采用Ⅰ型锚杆,第二~四级锚杆长12m,第五~六级锚杆长9m。

(4)取消挂网喷播、平台花坛和截水沟。各级平台采用混凝土全封闭,坡面植藤绿化。

处治方案防护设计图如图2-1-37所示。

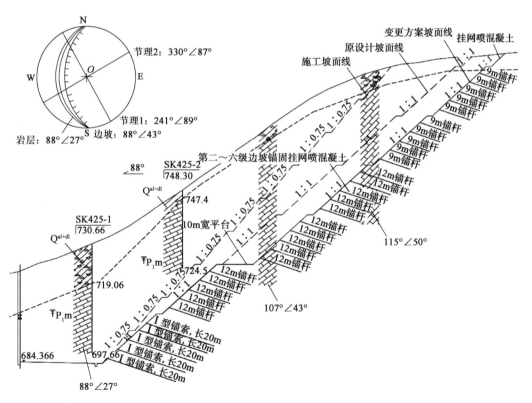

a)防护设计断面图

图 2-1-37

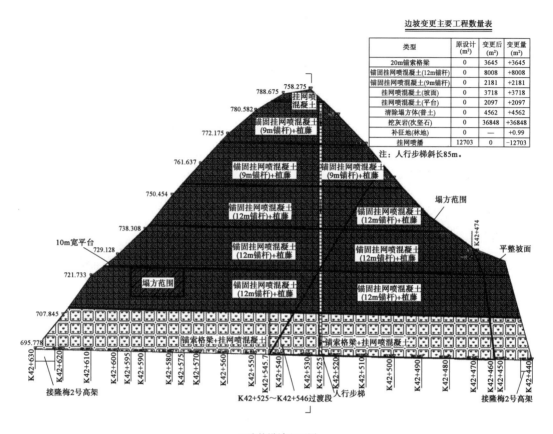

b)防护设计立面图

图2-1-37 处治方案防护设计图(尺寸单位:m)

(四)处治费用

处治费用约为479.0627万元。其中,建筑安装工程费为474.1127万元;土地征用补偿费为4.9500万元。

四、处治效果

该边坡已按设计变更文件要求处治完成。第一级锚索格梁施工后,整体坡面稳固,无松动、开裂等情况,第二~七级挂网喷混凝土施工已完成,经过多次雨水冲刷,整体坡面无掉块、开裂等情况,排水顺畅,无积水等情况。后续将持续进行监控量测并进一步进行分析。处治后效果如图2-1-38所示。

图 2-1-38　处治后现场照片

五、经验总结

（1）对于薄层顺向可溶岩发育路段、岩性交界路段,节理裂隙十分发育,建议采用坡面封闭措施。设计阶段宜采用保守方案,并综合考虑周边岩土开挖、构造物施工影响,避免爆破振动对地质薄弱带造成潜在损伤。

（2）对于可溶岩与非可溶岩接触带边坡,风化土十分发育,设计阶段宜采用保守方案,挖方边坡应采用1:1或者更缓坡率,但放缓坡率对节约全线用地指标十分不利,建设用地供需矛盾非常突出。

（3）施工阶段应组织相关单位有针对地开展地质复核工作,针对高大边坡、各种类型的地质薄弱带的开挖地质条件进行动态确认,并建立相关台账,切勿擅自变更设计坡率或防护方案。

第八节 "抗滑桩+预应力锚索+锚杆框架+局部卸载+地表裂缝封堵+截水沟"处治多雨区顺层、破碎的高大路堑边坡滑坡

一、案例背景

(一)工程概况

广西某高速公路 K1185+880~K1186+100 段深路堑,长 220m,路线走向方位角 235°,最大挖深约 24.20m,左侧边坡高约 42.76m,属风化岩质边坡;右侧边坡高约 18.21m,属岩、土混合边坡。

(二)原设计情况

左侧边坡原设计为四级边坡,第一级坡率为 1:1,防护方式为锚杆框架梁;第二级坡率为 1:1,防护方式为锚索框架梁;第三级坡率为 1:1.25,防护方式为锚杆框架梁+锚索垫墩;第四级坡率为 1:1.25,防护方式为人字形骨架+锚索垫墩。原设计防护设计图如图 2-1-39 所示。

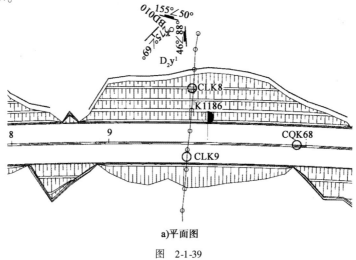

a) 平面图

图 2-1-39

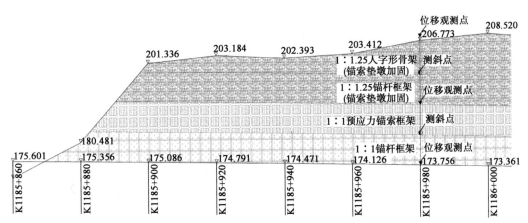

注：
1. 本图为路线K1185+880～K1186+150段左侧边坡处治立面设计图。
2. 本次扩建需对老边坡进行扩挖，设计采用(一级)锚杆框架+(二级)锚索框架+(三级)锚杆框架及锚索垫墩+(四级)人字形骨架进行加固处治。
3. 坡体施工时应遵守相应的施工顺序，开挖一级防护一级。施工时及施工完成后应持续监测坡体变形情况，当监测变形过大时及时反馈设计代表，做好预防。
4. 当地质条件与地勘钻孔有较大出入时应及时反馈现场设计代表，及时调整方案。

b)立面图(一)

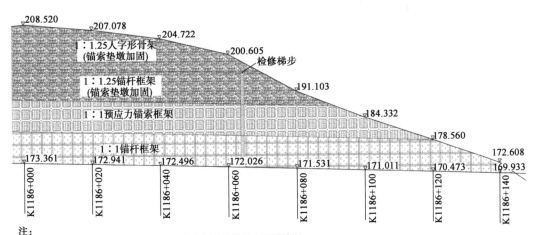

注：
1. 本图为路线K1185+880～K1186+150段左侧边坡处治立面设计图。
2. 本次扩建需对老边坡进行扩挖，设计采用(一级)锚杆框架+(二级)锚索框架+(三级)锚杆框架及锚索垫墩+(四级)人字形骨架进行加固处治。
3. 坡体施工时应遵守相应的施工顺序，开挖一级防护一级。施工时及施工完成后应持续监测坡体变形情况，当监测变形过大时及时反馈设计代表，做好预防。
4. 当地质条件与地勘钻孔有较大出入时应及时反馈现场设计代表，及时调整方案。

c)立面图(二)

图 2-1-39

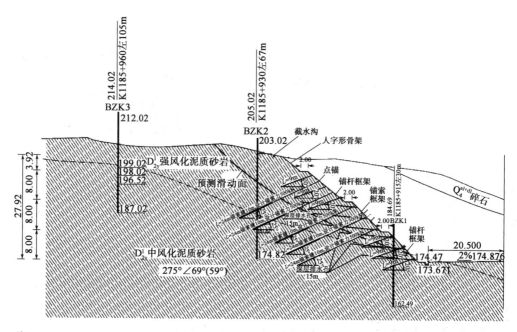

d) 断面图

图 2-1-39　原防护设计图(尺寸单位:m)

注:
1. 本图为路线 K1185+880~K1186+150 段左侧典型断面处治设计图。
2. 根据工程地质测绘及地勘钻孔,该边坡出露碎石土和基岩,坡体松散。碎石土:碎石含量约为60%,粒径2~10cm。棱角状,较多角砾、黏性土充填。碎石成分多为砂岩。钻孔揭示厚度约5.8m,其工程地质性质差。第②-1层,强风化泥质砂岩:灰色、黄褐色。砂质结构,层状构造,岩芯呈碎块状,少量柱状,采取率约为70%。钻孔揭示厚度14.1~16.8m,其工程地质性质一般。第②-2层,中风化泥质砂岩:灰褐色、青灰色,泥质、砂质结构,层状构造,节理裂隙发育,岩芯多呈柱状、短柱状,局部夹碎块状。岩体极破碎~破碎。钻孔最大揭露厚度21.9m,工程地质性质好。高液限土边坡遇水强度参数会降低,边坡开挖后应及时覆盖或防护,减少雨水下渗。
3. 本次扩建需对老边坡进行扩挖,设计采用(一级)锚杆框架+(二级)锚索框架+(三级)锚杆框架及锚索垫墩+(四级)人字形骨架进行加固处治。
4. 坡体施工时应遵守相应的施工顺序,开挖一级防护一级。施工时及施工完成后应持续监测坡体变形情况。当监测变形过大时及时反馈设计代表,做好预防。
5. 当地质条件与地勘钻孔有较大出入时应及时反馈现场设计代表,及时调整方案。

二、病害描述

(一)滑坡发展过程

2021年5月开始裂缝出现,1号裂缝位置在 K1186+010 左侧三级平台上,裂缝长2.5m,由小变大最宽2cm,经过灌浆后未继续开裂。2号裂缝位置在 K1186+010 左侧路堑边坡,裂缝长5m,裂缝宽2cm,经灌浆后未继续开裂。3号裂缝位置在 K1186+000 左侧路堑边坡坡顶截水沟红线外侧,裂缝长3m,裂缝宽3cm,经灌浆后未继续开裂。4号裂缝在 K1185+960~K1185+980 左侧路堑边坡顶红线外侧21m处,裂缝长13m,裂缝宽

3cm。后续在 K1185+900～K1185+960 四级人字形骨架处又发现 3 处裂缝。后期在 K1185+910～K1185+940 段锚索钻进约 16m 时有断缝,且有裂隙水会直接喷出,但边坡未出现明显变形。在 2021 年 8 月 20—25 日,边坡出现剪出变形,出现明显剪出口。

(二) 滑坡结构特征

在进行第三级边坡锚杆框架梁施工时坡顶出现开裂。在进行第二级边坡框架梁施工时,因连续下雨,山体出现严重位移,剪出口在全～强风化与中风化岩层分隔处,最大剪出约 30cm,已严重影响边坡稳定。通过现场调查确定,该变形体纵向长度 140m,横向长度 88m。处治前现场照片如图 2-1-40 所示。

图 2-1-40　处治前现场照片

(三) 岩层产状

岩层产状、岩芯现场照片分别如图 2-1-41、图 2-1-42 所示。

图 2-1-41　岩层产状现场照片

图 2-1-42　芯岩现场照片

三、处治方案

(一) 工程地质条件

1. 地形地貌

场区属构造剥蚀低山丘陵地貌,路线位于既有高速公路东侧山体斜坡中下部,沿路线中心地面横向高程为 169~204m,相对高差约 35m。

2. 地层岩性

根据勘察资料,场区地层岩性主要为第四系残坡积(Q_4^{el+dl})碎石土,下伏基岩为泥盆系中统郁江阶(D_2yl)泥质砂岩及其风化层。

(1) 第①层碎石土:碎石含量约 60%,粒径 2~10cm,棱角状,较多角砾、黏性土充填,碎石成分多为砂岩。钻孔揭示厚度约 5.8m,工程地质性质差。

(2) 第②-1 层强风化泥质砂岩:灰色、黄褐色,砂质结构,层状构造,岩芯呈碎块状,少量柱状,采取率约为 70%。钻孔揭示厚度为 14.1~16.8m,工程地质性质一般。

(3) 第②-2 层中风化泥质砂岩:灰褐色、青灰色,泥质、砂质结构,层状构造,节理裂隙发育,岩芯多呈柱状、短柱状,局部夹碎块状,岩体极破碎~破碎。钻孔最大揭露厚度 21.9m,工程地质性质良好。

3. 地质构造

岩层产状为 275°∠69°。主要发育两组节理,分别为 J1:155°∠50°,密度 1~3 条/m,延伸长度 1m,节理面平直光滑,多呈闭合状;J2:46°∠88°,密度 1~3 条/m,延伸长度 1m,节理面平直光滑,多呈闭合状。

4. 地震效应

根据《中国地震动参数区划图》(GB 18306—2015)，项目区Ⅱ类场地条件下基本地震动峰值加速度为 0.05g，对应的地震烈度为Ⅵ度，地震动反应谱特征周期为 0.35s。

5. 水文条件

地表水主要接受两岸山坡及冲沟上游大气降雨补给，向冲沟下游及下伏基岩裂隙渗透排泄。场地斜坡地带土体厚度薄，分布不均匀，一般第四系孔隙水贫乏，雨季时水量相对丰富，主要接受大气降雨补给，向坡脚排泄。在强中风化界面处发现有地下水渗出。区段内水文地质条件相对简单，地下水主要为第四系松散岩类孔隙水和一般碎屑岩裂隙水。地下水主要靠大气降水补给，受季节影响明显，地下水多沿风化裂隙、构造裂隙及层面裂隙径流，以下降泉及基岩裂隙的形式集中排中排泄，最终汇入冲沟内。

(二) 原因分析

一是该边坡为岩质边坡，岩体为泥质砂岩，岩体倾角大于边坡坡角，属于顺向坡，层面不稳定。二是地形上呈宽缓斜坡，为地表水、地下水富集处，岩土体软化、泥化严重，风化强烈，受缓坡地形与坡脚溪沟控制，降雨地下水抬高升大，并于强中风化层界面中形成一地下水径流软弱面。三是边坡施工期间开挖坡脚，在连续暴雨作用下，上覆强风化层岩体湿润饱和，下滑力大于抗滑力，推动强风化层沿强中风化界面产生变形。四是强风化层中地下水位抬升，形成较大的静水压力，同时进一步软化软弱结构面，在上部风化层的蠕滑牵引力下，沿软弱面产生基岩变形。多个因素综合作用，导致边坡滑移。

(三) 制定处治方案

综合滑坡发生机理和现场实际情况，制定了本次滑坡治理方案，具体如下：

(1) 抗滑桩：在边坡一级平台局部段按照 3m 间距布置 Z1～Z30 共 30 根桩长 20m、直径 2.2m 圆形抗滑桩，桩顶浇筑冠梁。

(2) 局部卸载：第一、二以及三级边坡维持原边坡坡率不变，K1185+900～K1185+970 段第三级坡顶平台宽度为 5m，第四级坡率为 1∶2；K1185+970 段第三级坡顶平台宽度为 4m，第四级坡率 1∶1.5，第五级坡率为 1∶1.75，K1185+970 处设渐变过渡段。

(3) 地表裂缝封堵：对自然斜坡上的地表裂缝采用夯填黏土并使用防渗土工膜封堵。

(4)截水沟:对边坡周界及部分坡体设置60cm×60cm现浇截水沟,以减少地表水冲刷边坡。

(5)深层测斜监测:利用既有的ZK1、ZK2和ZK3持续对该滑塌边坡进行监测,施工期应加密观测,时刻关注边坡滑动情况。

(6)边坡变形监测:采用全球定位导航系统(Global Navigation Satellite System,GNSS)地表位移监测、深部位移监测(固定式测斜仪)、倾角加速度计、土壤含水率、雨量计、视频监控等手段。

处治方案防护设计图如图2-1-43所示。

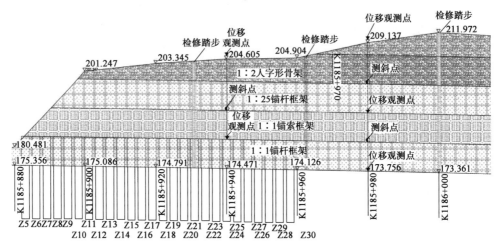

a)平面图(一)

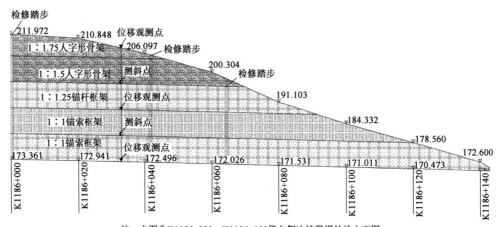

b)平面图(二)

图 2-1-43

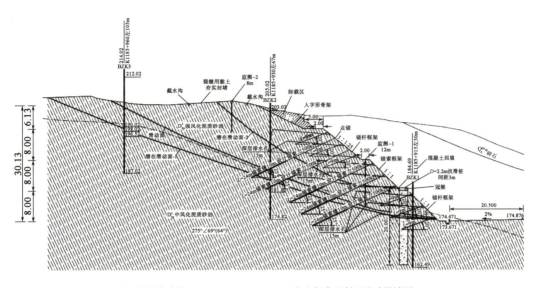

注：本图为路线K1185+880～K1186+100段左侧典型断面处治设计图。

c) 断面图

图 2-1-43 处治方案防护设计图（尺寸单位：m）

（四）处治费用

该处边坡处治费用共计为794.12万元，其中建安费为755.81万元，土地使用及拆迁补偿费为38.31万元。

四、处治效果

边坡治理于2021年12月完成，目前边坡稳定，支挡结构稳固，排水通畅，未发现有边坡开裂及滑坡的迹象。处治后现场照片如图2-1-44所示。

图 2-1-44 处治后现场照片

五、经验总结

（1）因不同岩层分界处强度变化大且强弱过渡快，土压力受力不均匀，渗透性差别大，容易在该处渗水，造成土方部分滑移，如设计的支挡工程为锚杆（索）体系，建议在土石分界处加密锚固点，在单元格内有土石分界线的，在单元格中间增加注浆锚杆。

（2）边坡锚杆、锚索施工要留取渣样，判断入岩情况及锚固长度是否满足要求；高边坡在进行钻孔施工时，若出现大面积塌孔，准确判断出现破碎带时，在原有的防护基础上，应加强支护，避免边坡出现滑移。

（3）发现开裂、下滑有发展要及时进行反压回填，避免滑动的进一步加剧，造成大面积的原地貌破坏。

（4）发现有边坡有开裂情况，要及时对产生裂缝位置进行夯实，使用彩条布和防雨布对裂缝位置进行覆盖，防止雨水二次浸入。

第二章

CHAPTER 02

含软弱夹层、破碎的高大边坡滑坡

第一节 "卸载+大型挡土墙+锚杆(索)格梁"处治多雨区含软弱夹层的破碎高大路堑边坡滑坡

一、案例背景

(一)工程概况

广西某高速公路K138+200～K138+355属深挖路堑段,右侧边坡为四级半边坡。场址区为构造侵蚀及剥蚀低山浅切割碎屑岩地貌,山坡坡度较陡,自然坡度为25°～45°。

(二)原设计情况

边坡原设计为四至五级,每10m高度分一级,自下往上分别为:第一级坡率1:0.75,平台宽度1.5m,采用锚杆格梁防护;第二级坡率1:0.75,平台宽度1.5m,采用挂铁丝网喷播基材防护;第三级坡率1:1,平台宽度1.5m,采用拱形骨架防护;第四级坡率1:1.25,采用挂三维网喷播植草防护;平台设置平台排水沟,坡顶设置坡顶截水沟。原设计防护设计图如图2-2-1所示。

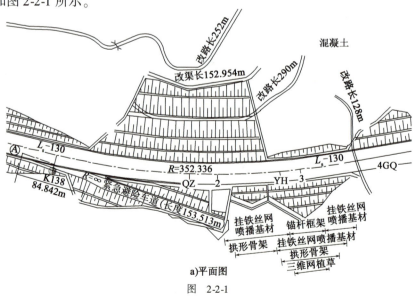

图 2-2-1

第二篇/第二章 含软弱夹层、破碎的高大边坡滑坡

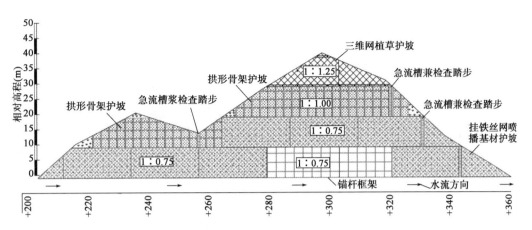

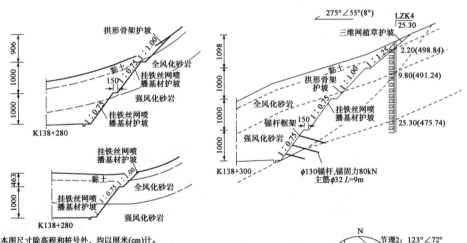

c) 断面图

图 2-2-1 原防护设计图

二、病害描述

（一）滑坡发展过程

该段边坡开挖及坡面防护基本完成后，于2017年6月25日在边坡上方距路基中线约163.6m处，发现一条长约326.5m、缝宽约0.3m、走向呈U形的裂缝，裂缝在山脊位置处形成错台，错台落差最大0.5m。裂缝从山脊向主线方向延伸，U形开口正对路基。同年8月5日，发现裂缝错台最大落差达3m，裂缝宽0.5～1.1m，部分位置存在雨水冲刷形成的井坑。原开挖坡面受滑体蠕动破坏，滑体堆积于路基中；滑坡体表面出现较多的张拉裂缝，并出现不同程度下挫（最大下挫位置约3m）。

（二）滑坡结构特征

根据现场勘察和钻探成果，滑坡主要为岩体结构面中产生的滑动，滑坡体表面坡度为25°～35°，形状大致呈长条圈椅状，主滑方向方位角为213°，滑坡后缘位于半山腰上，接近山顶，下挫深度不均，滑壁陡立，形成0.5～3.0m的陡坎，前缘位于开挖成形的边坡内，沿结构面剪出，堆积在路基内。涉及范围里程桩号为K138+240～K138+340，面积约15000m²，滑坡体厚度为9～16m，体积13.5万～23万 m³。推断滑坡类型为中型中层牵引式滑坡。处治前现场照片如图2-2-2所示。

图2-2-2　处治前现场照片

三、处治方案

(一) 工程地质条件

1. 地形地貌

地形地貌属构造侵蚀及剥蚀地貌类型(Ⅰ),经侵蚀和剥蚀为主的外动力地质作用过程形成,岩性由三叠系百逢组的泥岩、粉砂岩、细砂岩组成,山体坡度一般为25°～42°,局部坡度大于40°,坡降5%左右。场址溪沟发育,山坡陡峻,残坡积物薄,植被较发育。

2. 地层岩性

根据钻孔勘察,勘察区上覆土层为残坡积(Q_4^{el+dl})黏土层,下伏基岩为三叠系百逢组(T_2b)碎屑岩组成,其特征自上而下描述如下:

(1)残坡积(Q_4^{el+dl})黏土层:下部为碎石、角砾土,上部多为黏性土,土质上下不均一,结构疏松,压缩性高,土层厚度变化大。

(2)强风化砂岩(T_2b^4):灰黄、黄褐色,夹薄层泥岩,泥、砂质结构、中厚层夹薄层状构造,原岩结构及矿物成分大部分风化蚀变,风化裂缝密集,结构面主要为层面及3～5组节理面,结构面平均间距0.1～0.5m,岩体破碎,碎裂结构,结构面间泥质填充,结构程度较差,属于极软～软岩,揭示厚度10.0～19.4m,岩芯采取率65%～75%。

(3)中风化砂岩:青灰色,夹薄层泥岩、页岩,泥、砂质结构、中厚层夹薄层状构造。节理发育,结构面间可见灰黑色铁锰风化物薄膜,结构面主要为层面及2～3组节理面。结构面平均间距0.5～1.0m,岩体较完整,块状结构,结构面张开度一般为1～3mm,泥钙质胶结,结合程度一般,岩体较破碎～较完整,岩质较坚硬,为较硬岩,揭示厚度6.8～25.0m,岩芯采取率为70%～80%。

3. 地质构造

根据工程地质调绘及区域性地质资料,场址区位于五指山背斜西翼。该向斜走向北北西,轴面在平面呈弓状,凸向西侧,长约9km,北西端尖灭于所喀附近福乡北侧,南东段尖灭于甲略附近西北,两侧以单斜倾斜褶皱为主,轴部较宽缓,剖面上呈鞍状,核部及翼部地层均为三叠系下统罗楼群和中统百逢组。未见区域性断裂通过,小断裂与褶皱发育不明显。

4. 地震效应

根据《中国地震动参数区划图》(GB 18306—2015),勘察区抗震设防烈度为Ⅵ度,设计基本地震动加速度峰值为 $0.05g$,设计地震分组为第一组,设计加速度反应谱特征周期为 $0.35s$。

5. 水文条件

地下水主要为基岩裂隙水,水量较为贫乏,对边坡稳定性影响较小。地表水以降雨汇流为主。

(二)滑坡形成机理分析

滑坡是由工程活动引起的工程滑坡,其发生的主要原因主要有:

(1)内因:地形地质因素是滑坡发生的内在根本原因。①边坡上部的岩土层浅表为坡、残积粉质黏土、含碎石粉质黏土,下伏基岩为强风化岩。表层土质结构较松散,有利于大气降水的渗入补给;强风化岩,局部夹薄层软弱泥岩,节理裂缝发育,岩石破碎,呈碎裂结构,泥岩夹层形成潜在滑动面,为滑坡形成提供了必要的基础。②坡体表层土体与强风化岩厚度相对较大,适逢雨季,经雨水软化与风化作用使岩土体强度下降产生塑性变形,引起坡体向下位移形成蠕滑,逐渐剪断岩土层面与节理裂缝面间的棱角,使滑面贯通而滑动。

(2)外因:①降雨。适逢雨季并且连续强降雨,雨水渗入、冲刷,不但破坏了土体原始结构,使土体重度增大,而且使滑带土饱水软化,降低其抗剪强度,引起滑体沿滑动面剪切破坏。②人类工程活动。路堑边坡工程开挖形成了临空面,边坡表面岩土层因卸载作用,沿岩土交界面以及强风化岩节理裂隙面、泥岩软弱面产生松动,块体松弛,呈松散碎块状,加之强降雨,先在边坡表层形成小规模滑坡,继而带动坡口线后土体分阶段、梯次产生整体性的滑移,当滑体底部裂缝整体贯通时即产生滑坡。

总之,泥岩软弱夹层是滑坡形成的主要内因,人工边坡开挖在坡体前缘形成临空面并使坡脚处支撑应力降低、大气降水的加载,是滑坡形成的主要外因。在内外因的联合作用下,坡体产生变形,形成统一滑面并产生滑动。

(三) 制定处治方案

综合考虑滑坡形成机理及现场实际情况,制定的治理方案为抗滑挡土墙+刷方减载+后缘截水+监测,具体如下。

1. 防护部分

第一级边坡设置 10m 高 C20 片石混凝土路堑墙,第二级、三级、四级、五级为 20m 长锚索格梁防护,第六级、七级、八级、九级为 10m 长锚杆格梁防护,十级以上边坡为挂铁丝网喷播基材。

2. 卸载放缓部分

边坡放缓卸载坡率调整为:每 10m 高设一级边坡平台,第一级为挡土墙,第二级坡率为 1:1,平台宽度 2m;第三～十级坡率为 1:1.25,平台宽度 2m;第十一级坡率为 1:1.5,平台宽度 2m;每级边坡及平台两侧与原地形坡面设置平缓过渡顺接。

3. 防排水部分

滑坡发生时已对裂缝灌注水泥砂浆进行封缝处理,在滑坡周界外 3.0m 处设置浆砌片石截水沟,边坡平台设置平台水沟及适当增设坡面排水急流槽等防排水设施。

4. 监测部分

布置滑坡裂缝观测 12 组点对(6 条主裂缝,每条裂缝布置 2 组观测点对),挡土墙基础开挖后每天观测及记录,遇降雨每天早晚各观测一次,观测至施工完成后 1 个月;深部位移监测 6 孔,施工开始前观测 2 次,施工期间每 15d 观测一次,施工完成后每月观测 1 次,遇连续降雨或暴雨,48h 内加密观测 1 次,观测至施工结束后 3 年。

处治方案防护设计图如图 2-2-3 所示。

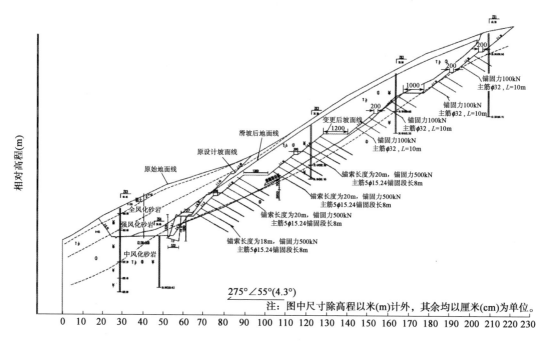

a) 断面图

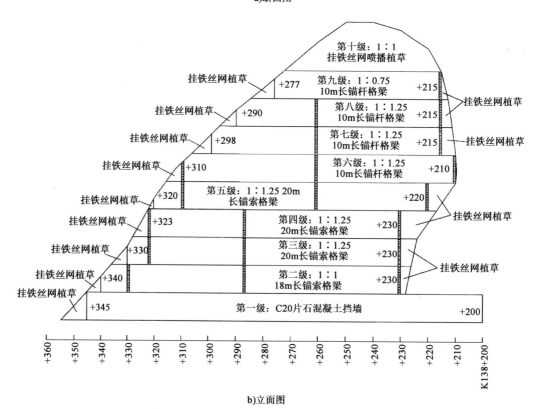

b) 立面图

图 2-2-3　处治方案防护设计图

(四)处治费用

治理总费用为1441万元,其中建安费1372万元,费用占比95.21%,征地费用约69万元,费用占比4.79%,经济技术指标445万元/km。

四、处治效果

该边坡于2018年年中施工完成,边坡稳定,防护结构、支挡结构物稳固,植被恢复良好,排水通畅,无任何开裂、滑塌等迹象。处治后现场照片如图2-2-4所示。

图2-2-4 处治后现场照片

五、经验总结

(1)在施工图设计阶段对高大边坡及不良地质区域,应尽可能加强地勘工作,针对不同的地质情况合理选择边坡坡率,反复进行验算,保证边坡在各种工况下都处于稳定状态。

(2)边坡治理设计应在施工过程中贯彻动态设计理念,采用信息化施工技术,核实完善地质信息、修正计算参数、及时调整设计方案、优化结构设计,使滑坡处治工程安全可靠、经济合理。

(3)边坡病害治理重视排水设计,排水的原则是"可疏而不可堵",根据滑坡的水文地质条件及滑面水的分布类型、补给来源方式,截、排、引导地表水和地下水,可采取开挖排水和截水沟将地表水引出病害区、适当增加急流槽与平台截水沟等加快降雨雨水排除,采用适当的渗沟形式引出地下水,对裂缝及时进行回填或封闭处理,防止雨水沿裂缝渗入滑坡体。

(4) 在施工过程中按照规范和确定治理方案设计要求进行施工,并严格把控施工质量。

(5) 重视监测预警工作,在施工期间加强对高大边坡的监测工作,实时掌握边坡的动态变化,指导现场施工作业,保证施工安全;治理完成后,按监测方案继续进行监测,核验治理效果。

第二节 "卸载+锚索格梁+挡土墙+深层排水"处治多雨区含软弱夹层、破碎、坡顶有重要构造物的高大路堑边坡滑坡

一、案例背景

(一) 工程概况

广西某高速公路某互通匝道场地属于构造剥蚀-侵蚀低山丘陵地貌,互通建造于山岭下部斜坡地带。

(二) 原设计情况

该匝道属于深路堑段,右侧边坡开挖高度达60m,每10m分一级,级间设平台,第一~三级边坡坡率1:1,坡面采用锚杆框架梁防护,第三级边坡平台设6.5m宽的改路;第四~六级边坡坡率1:1.25,坡面采用拱形骨架防护。原设计防护设计图如图2-2-5所示。

二、病害描述

(一) 滑坡发展过程

滑坡发生在互通匝道右侧边坡,分布高程为339~434m,沿路线长度约145m,垂直路线方向约176m,滑坡形态呈圈椅状。滑坡发生后第一级边坡几乎被滑坡堆积物完全掩埋,第二~三级坡面大部分垮塌,格梁结构严重破坏;第四~六级坡面变形严重,形成鼓丘、错落陡坎、宽大裂隙等,裂隙呈不规则状发育。坡顶上方自然斜坡裂缝众多,裂缝多

呈不规则状,表层普遍变形、塌陷。两侧沟谷有滑坡堆积物,沟谷岸坡不同程度坍塌。滑坡现场俯视图如图 2-2-6 所示。

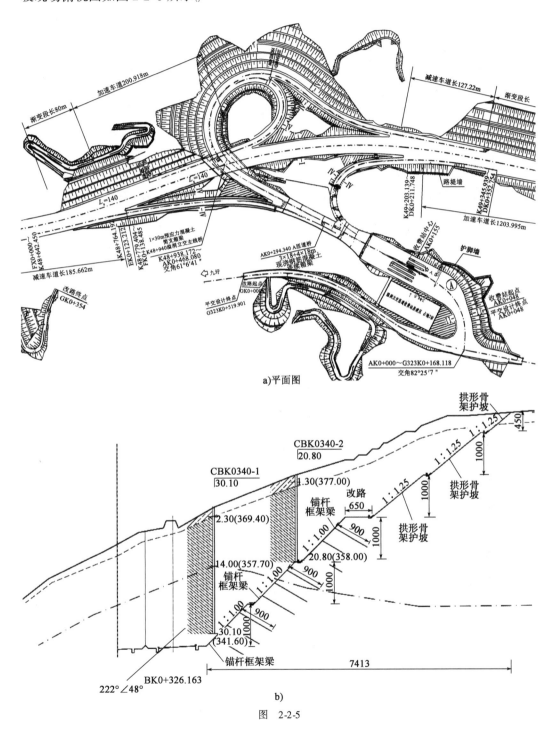

图 2-2-5

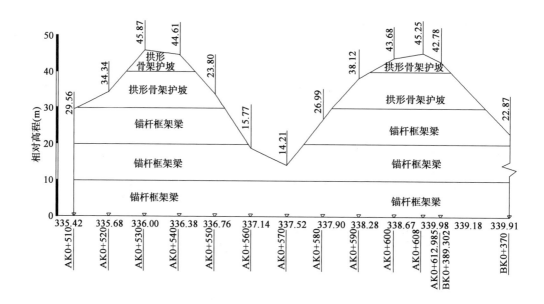

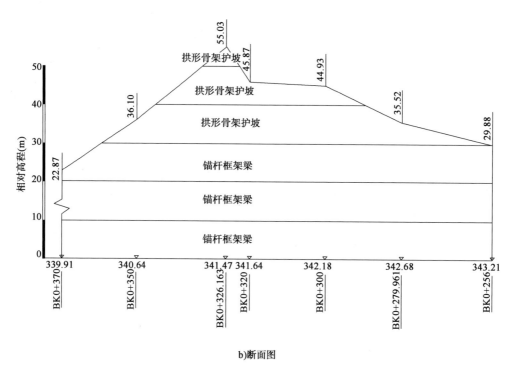

b)断面图

图 2-2-5　原防护设计图(尺寸单位:cm)

图 2-2-6 滑坡现场俯视图

(二) 滑坡结构特征

滑坡岩土体主要由黏土及全~强风化粉砂质泥岩组成,黏土大部分为硬塑状,局部由于雨水下渗软化后呈可塑状;全风化粉砂质泥岩结构基本破坏,土、岩混合。滑坡主方向为北西305°,滑坡体面积约29000m²,滑体厚度5.0~30.0m,平均厚度约12m,滑坡方量约348000m³。

三、处治方案

(一) 工程地质条件

1. 地形地貌

滑坡区属构造剥蚀-侵蚀低山地貌,山体高程在300~660m之间,地形坡度一般为20°~40°,坡顶有村民居住点,距离滑坡区最近点约50m。滑坡主要位于AK0+590~AK0+612.985左侧及BK0+330~BK0+389.302右侧边坡,分布在高程340~430m之间。滑坡现场地形图如图2-2-7所示。

2. 地层岩性

现场调查及钻探揭露,滑坡区主要由第四系残坡积层(Q_4^{el+dl})及三叠系中统木兰组(T_2l)地层组成,地层岩性特征如下:

(1)第四系残坡积层(Q_4^{el+dl})黏土:褐红色,褐黄色,灰褐色,可～硬塑,含有角砾,切面稍光滑,韧性中等,干强度中等,分布于整个场地,揭露厚度0.50～7.50m。土、石工程分级属Ⅱ级普通土。

图2-2-7 处治前现场照片

(2)三叠系中统木兰组(T_2l)。

全风化粉砂质泥岩:灰褐色,风化强烈,原岩结构基本破坏,岩块手捏岩芯呈坚硬土状,土夹岩状可碎,遇水易软化。该层大部地段均有分布,顶面埋深0.50～7.50m,揭露厚度1.20～12.60m。土、石工程分级属Ⅲ级硬土。

强风化粉砂质泥岩:灰褐色,泥质结构,薄层状,风化较强烈,节理裂隙发育,岩体破碎,岩芯呈块状,少量短柱状,岩质较软,遇水较易软化,块径2～10cm,节长5～15cm。该层整个场地均有分布,分布连续,顶面埋深0～18.60m,揭露厚度2.90～16.80m。土、石工程分级属Ⅳ级软石,边坡岩体类型为Ⅳ类。

强风化粉砂岩:灰褐色,粉砂质结构,薄～中厚层状,风化较强烈,节理裂隙发育,岩体破碎,岩芯呈块状,少量短柱状,岩质软,块径2～10cm,节长5～12cm。该层大部地段均有分布,顶面埋深8.00～41.60m,揭露厚度1.30～11.00m。土、石工程分级属Ⅳ级软石,边坡岩体类型为Ⅳ类。

中风化粉砂岩:灰色,粉砂质结构,薄～中厚层状,裂隙较发育,岩体较破碎～较完整,岩芯呈柱状、块状,节长5～60cm,块径3～8cm,岩质硬,性脆。该层埋深较大,整个场地均有分布,分布连续,顶面埋深5.40～43.50m,揭露厚度0.70～17.40m。土、石工程分级属Ⅴ级次坚石,边坡岩体类型为Ⅲ类。

3. 地震效应

根据《中国地震动参数区划图》(GB 18306—2015),勘察区抗震设防烈度为Ⅵ度,设计基本地震动加速度峰值为 $0.05g$,设计地震分组为第一组,设计加速度反应谱特征周期为 $0.35s$。场地对建筑抗震属一般地段。

4. 水文条件

滑坡区地表水主要接受大气降雨补给。第三级边坡平台有一人工水渠横穿,水渠宽约 $2m$,深约 $2m$。边坡变形后人工水渠开裂,水渠内的流水或溢流易下渗或冲刷坡体。滑坡两侧分布有冲沟,强降雨形成洪流,边坡上方汇水面积较大,强降雨会形成地面径流,对边坡稳定性影响较大。

(二)原因分析

该段滑坡的形成和发展是多种因素控制和影响的结果。滑坡体形成机制包括滑坡的内因和外因两个方面,内因主要是地形地貌、地质构造和地层岩性,外因主要是水文条件和人类工程活动。

(1)地形地貌因素:场区的地貌单元为构造剥蚀~侵蚀低山丘陵地貌,路基开挖后,路堑边坡处在相对较低的地段,坡顶较平缓,边坡两侧冲沟切割,有利于大气降水的汇集,大气降水大部分汇集于该滑坡体区域,导致边坡岩土体强度降低。开挖坡度大于自然斜坡,形成新的临空面,在重力作用下,边坡沿软弱结构面下滑。

(2)地质构造因素:勘察区附近发育有两条断层F1(同乐断层)和F-1,受断层影响,风化强烈,节理裂隙发育,场地岩体破碎,有利地表水和雨水入渗,降低岩土体强度,不利于边坡稳定。

(3)地层岩性因素:滑坡上部的土体的黏土呈可~硬塑状,抗剪强度较低;全风化粉砂质泥岩呈坚硬土状,土夹岩状,遇水易软化;强风化粉砂质泥岩,岩质软,遇水较易软化,节理裂隙发育,多呈张开状,泥质充填,有相对较好的透水性,雨水容易入渗,节理裂隙及层面内充填泥质软化,抗剪强度降低;强~中风粉砂岩抗剪强度受地下水影响小,滑带易在强风粉砂质泥岩和强~中风化粉砂岩的接触面形成,即赤平投影岩层层面倾向与坡向同向小角度相交,为顺层坡,滑坡顺着强风化粉砂质泥岩底部层面滑出。滑坡赤平投影如图 2-2-8 所示。

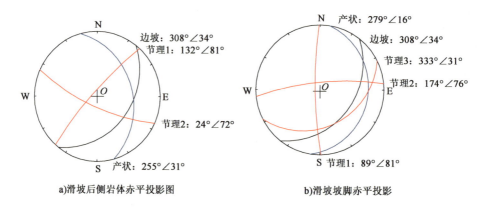

a) 滑坡后侧岩体赤平投影图　　　　b) 滑坡坡脚赤平投影

图 2-2-8　滑坡赤平投影

（4）水文条件因素：边坡上方汇水面积较大，强降雨形成地面径流，入渗和冲刷边坡岩土体。连续暴雨有足够的时间下渗，同时又具有丰富的补给源，可大量补给地下水。边坡第三级边坡平台——人工水渠横穿边坡，边坡轻微变形即可导致水渠开裂，水渠流水长期入渗到边坡下部。水对滑坡体土层的作用是形成滑坡的重要条件，雨水入渗滑坡体中，一方面增大土体的自重，使得土体的下滑力增加；另一方面可以迅速改变岩土体的性质，全～强风化粉砂质泥岩软化后，降低其抗剪强度，在软硬岩体接触面形成滑动面。

（5）人类工程活动因素：自然山体斜坡路基开挖，匝道形成深路堑，改变自然稳定坡体应力条件，岩土体变形，边坡前缘形成临空面，边坡岩土体发生应力重分布，无法恢复平衡，防护措施不当，坡体处于不稳定状态。在边坡上建设有输水明渠，受边坡变形导致渠道开裂、渗漏、溢水等，入渗边坡坡体；边坡上方农业耕种，植被稀疏，雨水容易入渗。

（三）制定处治方案

1. 设计主要参数

根据岩土试验成果、地质类比及反演分析，工程地质勘察报告综合确定了滑带土岩土力学参数。各岩土层主要物理力学性质参数见表 2-2-1～表 2-2-5。

岩土力学参数推荐值表 表2-2-1

地层岩性	重度 γ(kN/m³)		黏聚力 c(kPa)		内摩擦角 φ(°)		压缩模量 E_s(MPa)	承载力基本容许值 f_{ao}(kPa)	摩擦因数 μ	岩土体与锚固体黏结强度特征值 f_{rb}(kPa)	抗滑桩地基系数 K(MN/m⁴)
	天然	饱和	天然	饱和	天然	饱和					
黏土	18.8	19.3	39	30	17	15	7	180	0.3	30	35
黏土(滑带土)	—	—	15	12	11	10	—	—	—	—	—
全风化粉砂质泥岩	18.8	19.3	64	39	14	13	9	280	0.4	40	40
全风化粉砂质泥岩(滑带土)	—	—	18	11	11	10	—	—	—	—	—
强风化粉砂质泥岩	23.5	23.8	70	60	19	18	—	500	0.5	180	60
强风化粉砂质泥岩(结构面滑带土)	—	—	13	11	15	14.5	—	—	—	—	—
强风化粉砂岩	24	24.3	90	80	23	22	—	550	0.5	200	60
中风化粉砂岩	26	26.2	300	290	25	24	—	2000	0.6	600	120

滑坡稳定性计算参数表 表2-2-2

计算剖面	滑带土	天然状态黏聚力(kPa)	天然状态内摩擦角(°)	暴雨状态黏聚力(kPa)	暴雨状态内摩擦角(°)
1—1′	黏土	39	17	30	15
	全风化粉砂质泥岩	18	11	11	10
	强风化粉砂质泥岩	13	15	11	14.5
2—2′	黏土	39	17	30	15
	全风化粉砂质泥岩	18	11	11	10
	强风化粉砂质泥岩	13	15	11	14.5
3—3′	黏土	39	17	30	15
	全风化粉砂质泥岩	18	11	11	10
	强风化粉砂质泥岩	13	15	11	14.5

滑坡稳定性评价标准

表2-2-3

滑坡稳定状态	不稳定	欠稳定	基本稳定	稳定
滑坡稳定系数 F_S	$F_S < 1.0$	$1.0 \leq F_S < 1.05$	$1.05 \leq F_S < K_S$	$F_S \geq K_S$

各剖面稳定性计算结果

表2-2-4

计算剖面	计算工况	稳定性系数	稳定安全系数	稳定性评价	备注
1—1′	天然工况	1.333	1.30	稳定	
	饱和工况	1.249	1.20	稳定	
2—2′	天然工况	1.043	1.30	欠稳定	
	饱和工况	0.987	1.20	不稳定	
3—3′	天然工况	1.006	1.30	欠稳定	
	饱和工况	0.947	1.20	不稳定	

各剖面剩余下滑力计算结果

表2-2-5

计算剖面	计算工况	稳定安全系数	剩余下滑力（kN/m³）	备注
1—1′	天然工况	1.30	−3230.58	
	饱和工况	1.20	−2469.79	
2—2′	天然工况	1.30	−1163.55	
	饱和工况	1.20	343.68	
3—3′	天然工况	1.30	−169.51	
	饱和工况	1.20	1355.14	

2. 处治方案

（1）放缓边坡。

除第一级维持原来的坡率1:1.5基本不变，第二级边坡坡率放缓至1:2.0；第三级坡率放缓至1:2.5，平台按每10m高度设置一级，第一、二级平台宽5m、第三级平台宽10m、第四级平台宽5m、第五级平台宽30m，第六级以上平台宽5m。

（2）边坡锚固。

充分利用原第一级边坡未破坏的锚索格梁防护，修复局部破坏的格梁和锚索；对主滑坡段第二、三级边坡采用30m长锚索格梁进行锚固。

（3）挡土墙。

在一级边坡坡面滑面剪出口位置设置墙高7m的重力式挡土墙，以加强抗滑作用。

（4）坡面防护。

第四～八级坡面采用挂铁丝网喷播基材植草防护,第九级坡面采用喷播植草防护。

（5）完善边坡排水系统。

坡顶增设堑顶截水沟,每级边坡平台设置平台水沟排水到边坡急流槽,集中引排坡面汇水;第二～九级边坡设置仰斜排水管排除坡体内部渗水;疏通两侧沟谷泥土堆积物,设置加大急流槽排水到匝道路基边沟,保障排水畅通。拆除第三级边坡平台水渠。

变更后边坡防护设计图如图2-2-9所示。

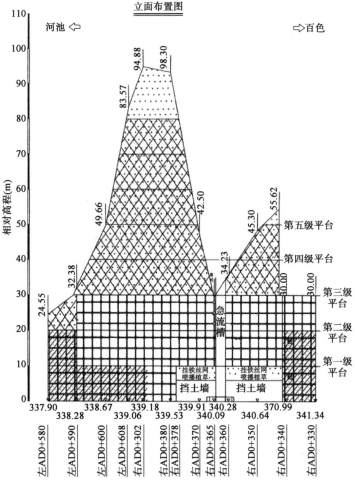

图2-2-9 变更后边坡防护设计图

(四)处治费用

该互通区匝道滑坡应急抢险工程处治预算总金额2510.5万元,其中建筑安装工程费用1658.3万元、土地征用及拆迁补偿费557.1万元、工程建设其他费295.1万元。

四、处治效果

该边坡处治工作于2021年1月底施工完成,成形后的边坡坡面平顺美观,排水系统完善,植被正在恢复(图2-2-10)。

图2-2-10 处治后现场照片

五、经验总结

(1)设计单位对边坡地质情况分析不到位,没有充分认识地质体,地质勘察的深度和针对性不足,如顺层边坡、隐伏断层、边坡开挖后的临空面和潜在的滑动面组成新的滑坡等,进行边坡设计时没有充分考虑这些不利因素。

(2)部分设计院对南方降雨量缺乏概念,延续北方边坡设计思路,没有按照最不利工况(连续降雨、土体处于饱和状态、土体的重度为饱和重度、土体的抗剪强度为饱和状态下的抗剪强度)进行稳定性分析计算,边坡防护偏弱,导致出现该问题。

(3)已经判定的不良地质,线路仍经过古滑坡,线路不符合地质选线的要求,且边坡防护的针对性设计深度不足,导致在施工中边坡多处滑塌,反复进行从弱到强的防护变更。

（4）要重视地勘与外业测量，基础资料不准，设计难以完善；重视地质选线，地质灾害处理严重影响工程，快好省无从谈起；推行高分辨率卫星遥感技术、数字摄影测量、GPS-RTK（实时动态定位）测量技术、V8大地电磁测探技术。

第三章

CHAPTER 03

膨胀性黏土边坡滑坡

第一节 "挖除滑体+柔性支护+深层排水"
处治多雨区强膨胀性黏土边坡滑坡

一、案例背景

(一) 工程概况

广西某高速公路已建成通车并进入试运营阶段。在试运营过程中,K58+445~K58+512段右侧边坡由于受到2019年5月以来的强降雨影响发生滑坡,滑坡范围为K58+445~K58+512段,沿路线方向长约100m。

(二) 原设计情况

该段边坡原设计为四级路堑边坡,最大坡高约35.53m,坡率为一级边坡1:1.25,二、三级边坡1:1.5,四级边坡1:1.75,K58+432~K58+485、K58+545~K58+599边坡采用柔性支护;K58+485~K58+545一级边坡采用植生袋绿化,二、三级边坡采用柔性支护,四级边坡采用拱形骨架+植草绿化。原设计图如图2-3-1所示。

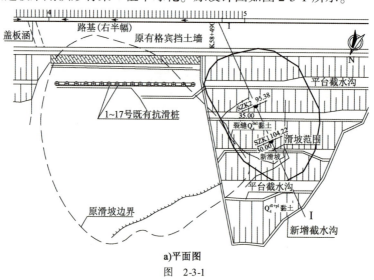

a)平面图
图 2-3-1

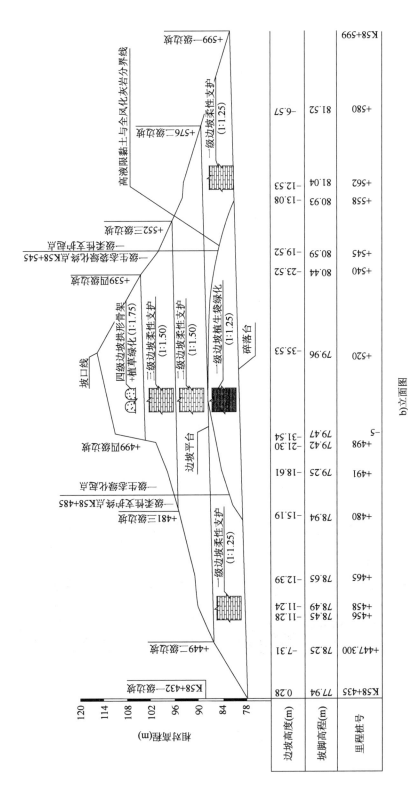

b) 立面图

图 2-3-1

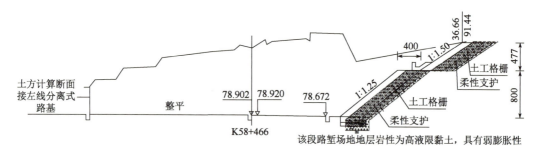

c) 横断面图

图 2-3-1　原设计图(尺寸单位:cm,高程单位:m)

二、现场情况分析

(一) 滑坡发展过程

2019年5月,边坡K58+455~K58+485段边坡发生变形,施作完的格宾挡土墙被挤压变形,同时14~17号抗滑桩桩后土体自桩间挤出,但上部边坡未发现裂缝。2019年7月下旬,边坡变形进一步发展,一级边坡格宾挡土墙发生破坏,同时上部边坡出现裂缝、错台。现场测量裂缝范围为K58+471~K58+506段,裂缝宽度5~20cm,最远处距路中线124m。2019年8月中旬,K58+400~K58+480右侧滑坡进一步发育范围扩大,新发育的滑坡范围扩大至K58+445~K58+512段。滑坡现场如图2-3-2所示。

图 2-3-2　处治前现场照片

(二) 滑坡结构特征

滑动方向与设计线路方向夹角约60°,滑动走向为325°。滑体整体形态呈长舌状,其剪出口位于线路右侧路基坡脚处,后缘及侧翼轮廓清晰。滑面空间形态近似为圆弧形,倾角上陡下缓,中前缘趋于平缓,后缘较陡峻,角度为50°~60°,后缘裂缝及错台清晰明显,错台高 2~3.5m。基岩埋深向小里程方向逐渐加深,地势起伏变化较大。滑带土以全风化页岩夹粉砂岩为主,含水率较大,深度为 5~12.5m,滑带厚度为 0.3~0.8m,滑坡体前缘和边界附近的滑带土埋深相对较小。滑床主要为全风化页岩夹粉砂岩、强~中风化石灰岩。

三、制定处治方案

(一) 工程地质条件

1. 地形地貌

本段滑坡地处构造侵蚀-剥蚀丘陵地貌单元,地形起伏较大,坡体整体位于山体小冲沟内,边坡前部坡度较缓,后部较陡,坡度为 30°~50°,地表植被较发育,地形上有利于滑坡的形成,滑坡后部有人工修筑机耕路,路宽约 2m。

2. 地层岩性

根据现场调查、第一层滑坡治理钻孔揭露及抗滑桩施工记录,滑坡区地层岩性自上往下主要为:

(1) 第四系全新统滑坡堆积(Q_4^{del})黏土:灰褐色~黄褐色,湿~饱和,土质不均,硬塑,厚度为 2~5m,黏土的自由膨胀率为 55%~60%,塑性指数为 19.9~25,为弱膨胀土。

(2) 泥盆系中统郁江组(D_2y)的全风化页岩夹粉砂岩:黄褐色~红褐色,岩结构构造完成破坏,质软,手掰可断,厚度为 7~23m;自由膨胀率为 50%~70%,塑性指数为 11.8~13.6,具弱~中膨胀潜势。

(3) 强风化石灰岩:浅灰色~深灰色,结晶结构,块状构造,节理缝隙发育,裂缝为方解石填充。

(4) 中风化石灰岩:深灰色,结晶结构,块状构造,节理缝隙较发育,质硬。

3. 地质构造及地震效应

根据《中国地震动参数区划图》(GB 18306—2015),勘察区抗震设防烈度为Ⅵ度,设计基本地震动加速度峰值为 $0.05g$,设计地震分组为第一组,设计加速度反应谱特征周期为 0.35s。场地对建筑抗震属一般地段。

4. 水文条件

地表水主要为大气降水汇集至冲沟形成地面径流。地下水主要为第四系松散堆积层孔隙水,主要靠大气降水补给,现场调查发现原施工完成的支撑渗沟、排水孔内均有水流出。

(二) 滑坡形成机理分析

滑坡形成包括内因和外因,内因主要有地形地貌因素、岩性因素、构造因素和水文因素;外因主要有持续强降雨和人类活动。具体如下:

(1) 内因:①地形地貌因素。地处上体斜坡冲沟内,汇水面积大,加上坡体植被茂盛,地表径流不畅,滑坡后部较陡峻,前缘较平缓,整体高差较大,具备滑坡发生的地貌特征。②岩性、构造因素。黏土层和全风化页岩夹粉砂岩层都具有膨胀性质,加上黏土层结构较松散,透水性一般~较好,岩土物理力学指标因温度、湿度反复变化影响,抗剪强度变化具有衰减性,易形成滑坡。③水文因素。当水渗入黏土和全风化页岩夹粉砂岩层后,不但增大了上部岩土体的下滑力,而且改变了岩土物理力学性质,抗剪强度降低,坡体岩土层沿最大剪应力带产生滑带。

(2) 外因:①降雨。适逢雨季并且连续强降雨,雨水渗入、冲刷,不但破坏了土体原始结构,使土体重度增大,而且使滑带土饱水软化,降低其抗剪强度,引起滑体沿滑动面剪切破坏。②人类工程活动。当地居民通过机耕路,对原斜坡后部岩土体有一定的扰动。

(三) 制定处治方案

1. 设计主要参数

对于滑坡整体稳定性,按正常工况(自重)荷载作为设计荷载组合,以非正常工况 I (自重+连续降雨或暴雨)作为校核工况,正常工况下安全系数取1.2,非正常工况 I 安全系数取1.1。

2. 处治方案

根据现场实际情况和根据广西地区膨胀土边坡的治理经验,对本次处治进行了两种方案设计:

方案一：采用抗滑桩支护，同步适当减缓边坡和完善相关排水系统(工程造价约1100万元)。

方案二：采用柔性支护，同步适当减缓边坡和完善相关排水系统(工程造价约740万元)。

经对比两种方案，综合考虑病害发生机理、防护成效、施工难易度、工期和工程造价等方面后，确定按方案二进行处治，具体如下：

(1) 挖除滑体，并施作喷射混凝土封闭层作为临时防护措施。

(2) 采用柔性支护回填至设计坡面，柔性支护施作时必须同时施作背部排水层级底部渗沟，确保排水畅通。

(3) K58+445～K58+480段已经破损的格宾挡土墙拆除重建，同时清除格宾挡土墙上部松散滑塌土体并采用石笼回填。

(4) 抗滑桩段桩帽梁下3m范围增设现浇挡泥板。

(5) 除设置柔性支护的边坡外其余边坡均设置仰斜式排水孔。所有平台均设置平台截水沟，堑顶设置堑顶截水沟，修复破损的水沟，并连通形成完善的排水系统。

(6) 在格宾挡土墙背设置全断面排水垫层，在其墙趾处设置纵向贯通的碎石渗沟。

变更后边坡防护设计图如图2-3-3所示。

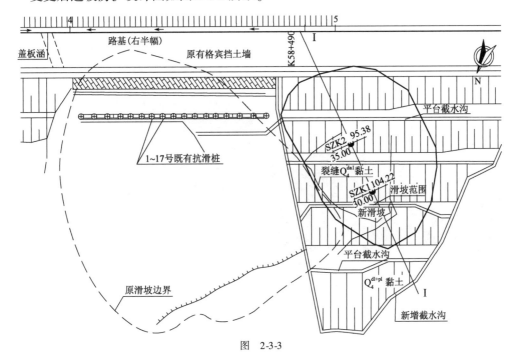

图 2-3-3

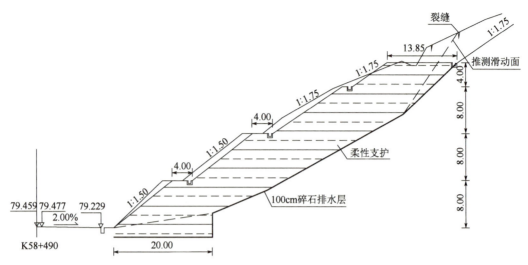

图 2-3-3　变更后边坡防护设计图(尺寸单位:m)

(四) 处治费用

治理总费用为 738 万元,其中建安费 612.3 万元,费用占比 82.9%,经济技术指标为 489.8 万元/km(按 0.125km 计算);征地费用约 71 万元,费用占比 9.6%。

四、处治效果

该边坡处治工作于 2020 年 5 月中施工完成,成形后的边坡稳定坡面平顺美观、排水系统通畅完善、植被恢复良好。图 2-3-4 为处治后现场图片。

图 2-3-4　处治后现场照片

五、经验总结

(1)柔性支护具有施工工艺相对简单、圬工结构少、便于绿化等贴合绿色公路理念的优势,适用于具有膨胀性的浅层滑坡边坡处治。

(2)拟定处治方案设计时需注意:对边坡处治后的稳定性进行评价,特别注意验算柔性支护体整体是否会沿推测滑移面产生滑移;适当加大排水暗层(沟)的断面尺寸,并形成有效的排水系统。

(3)柔性支护施工工艺虽然比较简单,但要求对施工精细度较高,主要是土工格栅铺设和排水层工序施工中严把施工质量,保证抗滑力和排水效果以达到处治成效。

(4)重视监测预警工作,在施工期间加强对高大边坡的监测工作,实时掌握边坡的动态变化,指导现场施工作业,保证施工安全;治理完成后,按监测方案继续进行监测,核验治理效果。

第二节 "清塌方 + 片石嵌补平 + 坡面防排水"处治多雨区红黏土边坡坡面塌方

一、案例背景

(一)工程概况

广西某高速公路 K271+260~K271+400 段右侧路堑边坡地质地貌复杂,整体地形南西高、北东低,地面高程 200~280m,土质为第四系残坡积红黏土,坡体饱水后具备膨胀及软化潜势,现浇拱形骨架施作后仍无法有效稳固坡面,施工过程中发生滑坡。

(二)原设计情况

K271+250.1~K271+419.9 段右侧路堑边坡原设计为三级边坡,最大坡高约21.57m,坡率为 1:1.25,原设计防护为:第一、二级坡角 3m 高挡土墙 + 拱形骨架 + 喷播灌籽,第三级喷播植草防护。原设计边坡防护设计图如图 2-3-5 所示。

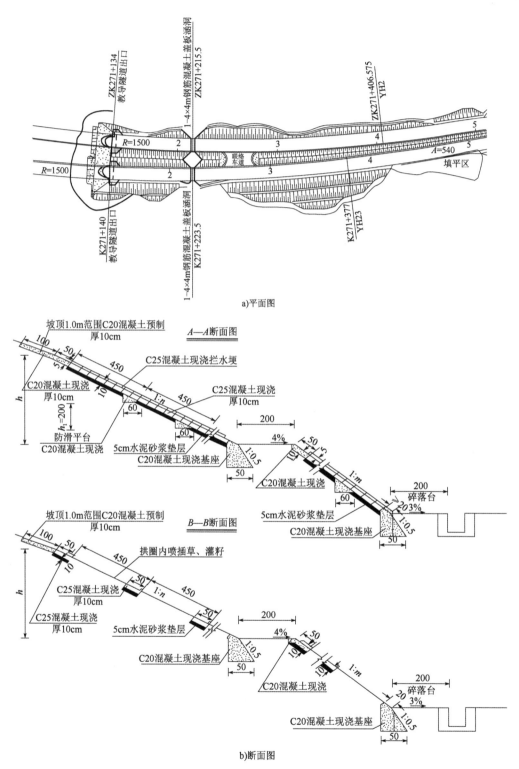

图 2-3-5 原设计边坡防护设计图(尺寸单位:cm)

二、病害描述

(一) 滑坡发展过程

2021年10月中边坡拱形骨架防护完成施工,但平台排水沟、坡面急流槽、坡角挡土墙未及时完善。2021年10月12—20日,当地遭遇连续多日强降雨,雨水无法及时排出,浸入边坡土体,导致坡面土体隆出、拱形骨架折断。

(二) 滑坡结构特征

滑坡体主要为红黏土,呈黄褐色,状态为硬塑,稍湿,成分以黏粒为主,粉粒次之,含少量碎石。滑坡主要发生在第一级边坡,以坡面土体隆出和下滑形态为主,拱形骨架折断下错或整体下滑。图2-3-6所示滑坡现场图片。

图2-3-6 处治前现场照片

三、制定处治方案

(一) 工程地质条件

1. 地形地貌

工程区属构造为剥蚀、溶蚀丘陵~低山地貌区。线路从山脚较平缓的区域通过,地形坡角一般小于5°~15°,斜坡地带地形坡角一般为15°~35°,局部达45°,本路堑段整体地形南西高、北东低,地面高程200~280m,相对高差约80m。

2. 地层岩性

本区出露的地层为第四系坡残积层(Q_4^{dl+el})及石炭系下统岩关阶(C_1y),其特征及分布由新到老分述如下：

(1)第四系全新统坡残积层(Q_4^{dl+el})。

粉质黏土：可塑；黄褐色，可塑状，主要成分以黏粒为主，粉粒次之，用手指捏揉，有明显滑腻感，刀切面较光滑，稍有光泽，无摇振反应，干强度中等，韧性中等。岩心呈土柱状。厚度11.50~33.30m，钻孔揭露最大厚度33.30m，主要分布在坡脚已建成高速公路及其两侧地形较缓地带。

(2)石炭系下统岩关阶(C_1y)。

石灰岩：灰白色，隐晶质结构，中~厚层状构造，质硬，锤击声脆，岩芯完整，呈短柱状~长柱状；为中风化带，部分钻孔可见溶洞。

3. 地震效应

根据《中国地震动参数区划图》(GB 18306—2015)，勘察区抗震设防烈度为Ⅵ度，设计基本地震动加速度峰值为0.05g，设计地震分组为第一组，设计加速度反应谱特征周期为0.35s。场地对建筑抗震属一般地段。

4. 水文条件

区段内水文地质条件简单，地下水主要为第四系松散岩类孔隙水和基岩裂隙水。第四系松散岩类孔隙水主要赋存于斜坡表层残积层内，存储空间小，水量不大，主要接受大气降雨补给，向冲沟下游及下伏基岩裂隙渗透排泄。场地斜坡地带土体厚度较大，分布不均，第四系孔覆盖层富水性弱。

(二)滑坡形成机理分析

滑坡形成包括内因和外因，内因主要有地形地貌因素、岩性因素和水文因素；外因主要有持续强降雨和人类活动，具体为：

(1)内因：场区属构造溶蚀~丘陵洼地地貌区边坡区自然坡体属斜坡，汇水面积较大；边坡岩性为红黏土，具膨胀性、遇水软化等不良特性，吸水饱和后易形成滑坡。

(2)外因：施工组织安排欠妥，工序衔接不紧，路堑挡土墙施作不及时，平台排水沟、急流槽也未及时完善，恰巧遭遇一周的连续降雨，地表雨水无法及时排出，浸入边坡土体严重，导致坡面出现滑塌、拱形骨架遭受破坏。

边坡防护变更设计图如图2-3-7所示。

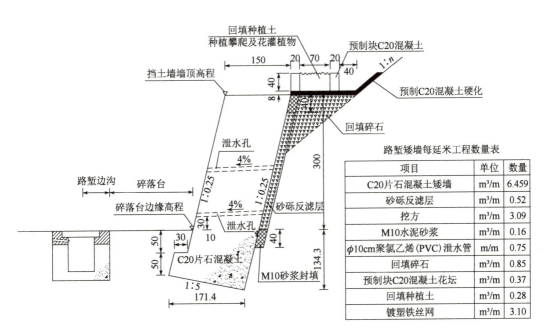

a) 路堑矮墙设计图(尺寸单位：cm)

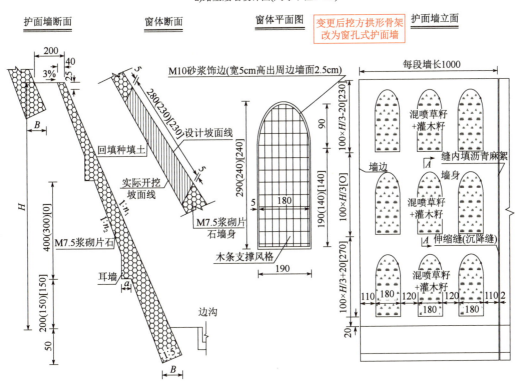

b) 窗孔式护面墙设计图

图 2-3-7 边坡防护变更设计图(尺寸单位：cm)

(三)制定处治方案

1. 治理原则

确保边坡施工过程和后期运营中的稳固,保证施工和运营安全,因此治理原则主要以护脚、封水为主,并强调疏通边坡防排水系统。

2. 处治方案

YK271+260~YK271+400 段边坡施作路堑矮墙,加强边坡护脚,地基承载力≥200kPa;第一级、第二级边坡平台设排水沟,将坡面水汇入坡顶截水沟排出,并在 K271+357 边坡处设置人行步梯;YK271+260~YK271+357 段清除圬工材料、塌方体约 3500m³;该段落预施作窗孔式护面墙。

(四)处治费用

总治理费用 79.2 万元,全部为建安费。治理处治费用明细表见表 2-3-1。

治理处治费用明细表　　　　表 2-3-1

支付项目名称	估算单价(元)	变更前数量	变更后数量	估计变更金额(元)
M7.5 浆砌片石(m³)	335.84	0.00	2476.00	+831540
预制安装 C20 混凝土骨架护坡(m³)	1051.8	18.56	0.00	-19521
预制安装 C25 混凝土骨架护坡(m³)	1068.83	12.90	0.00	-13788
喷播植草(含基材)(m³)	18.54	306.72	0.00	-5687
合计				792544

四、处治效果

该边坡处治工作于 2022 年 1 月中旬施工完成,成形后的边坡坡面平顺美观,排水系统完善,植被正在逐步恢复。处治后现场图如图 2-3-8 所示。

五、经验总结

(1)路堑边坡防护工程是一项系统工程,坡面防护、排水、支挡相互作用以保证边坡的问题,不可忽略其中某部分不实施或不按图施工;特别是在多雨地区,排水工程应同防护工程同步完善,连通形成排水系统。

图 2-3-8　处治后现场照片

(2)浅层发生的局部坡面土体隆出破坏,切不能采用原土补贴回填至原坡面,应采取浆砌片石或素混凝土进行回填,以保证回填部位的稳固。

(3)红黏土具有微膨胀性,发生小型破坏后,雨水更加容易渗入土体,导致更大的病害,所以要重视此类土质的小型滑坡,及时治理。一般来说,人工坡度陡于自然坡度,加上红黏土自稳性较差,适宜在坡角设置平衡下滑力的支挡物。

(4)推动落实边坡台账管理制度和边坡防护排水工程"一坡一验收"制度。每周更新,每月复核,确保及时掌握边坡防护及防排水施工进度。

第四章

CHAPTER 04

炭质泥岩边坡滑坡

第一节 "整村搬迁+卸载(设置宽大缓冲平台)+坡脚支挡+深层排水"处治多雨区下伏炭质泥岩的破碎带坡积体边坡滑坡

一、案例背景

(一)工程概况

广西某高速公路 K10+340~K10+580 原设计为整体式路基,线位以路堑方式从山坡中部穿过,边坡坡顶开挖边线距民房最近距离约 25m,最远民房距坡顶开挖边线约 255m。

(二)原设计情况

原设计地质资料显示该边坡地质岩性为中风化灰岩+中风化炭质灰岩。路基设计高程 235.05~236.20m,边坡开挖右侧形成高边坡,最大开挖深度约 24.25m。边坡采用三级边坡开挖,第一级设 2m×3m 方形抗滑桩(桩距 5m)垂直收坡,第二、三级坡面坡率 1∶1.0,采用锚索格梁植草防护。原设计断面图如图 2-4-1 所示。

二、病害描述

(一)滑坡发展过程

2020 年 7 月,该段路堑在开挖施工过程中,坡体出现变形开裂,坡顶村庄民房和混凝土路面出现下沉开裂。裂缝最大延伸长度约 187m,最大宽度约 20cm,最大深度大于 2m。地表裂缝带总体上呈圆弧状排列,裂缝带周边民房地基下沉,最大下沉深度约 45cm,砖混结构民房见轻微裂缝,部分土坯房开裂严重有倾倒危险。处治前现场照片如图 2-4-2 所示。

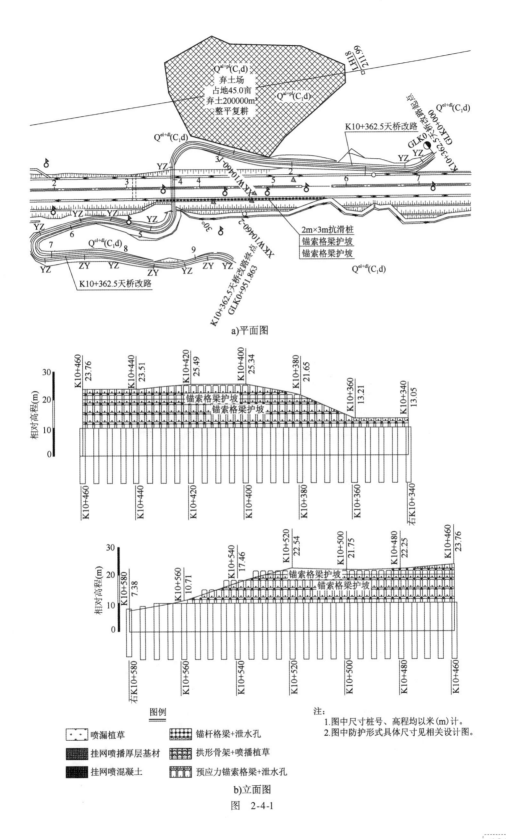

图 2-4-1

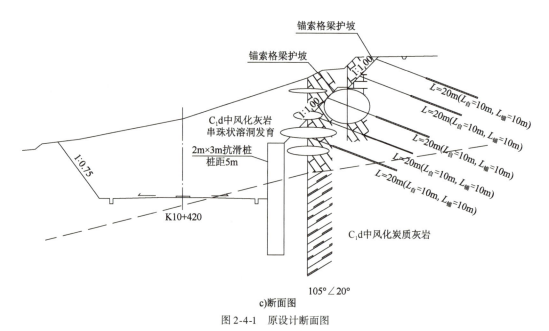

c) 断面图

图 2-4-1 原设计断面图

图 2-4-2 处治前现场照片

(二) 滑坡结构特征

根据重新布设的地表及深层位移监测，滑坡体左右宽约280m，纵向长约270m，面积约60000m^2，变形平均深度约20m，变形体体积约120万m^3，主轴变形方向约150°（图2-4-3）。

图 2-4-3 坡顶下沉开裂照片

三、制定处治方案

(一) 工程地质条件

1. 地形地貌

场区属峰丛谷底地貌,地形起伏较大,山体连绵起伏,相对高差较大,山峰上部基岩裸露,地形陡峭。上部呈锥状,植被发育,坡度为25°~40°,谷底平缓,覆盖层较厚。边坡前沿(东侧)有北东走向沟谷,在建高速公路沿沟谷西北侧山坡展布,场地最低点位于东侧冲沟沟底,高程约为223.5m,最高点位于村庄后山坡坡顶,高程约313.89m。

2. 地层岩性

含砾黏土:灰褐;稍湿;硬塑;主要成分为灰岩,分布不均匀,含约20%角砾,粒径为2~30mm,呈棱角状。中风化灰岩:青灰色;岩芯呈柱状,长8~50cm。溶洞:无充填或充填可塑状粉质黏土及灰岩碎块。中风化炭质灰岩:灰黑;隐晶结构,中厚层状构造,主要矿物成分为碳酸盐岩,含炭质成分较高,节理裂隙极发育,岩芯呈砂状、碎块状,块径一般为2~7cm。

3. 地质构造

该段斜坡应是由后部陡崖岩体崩落向前滑移演化而成的崩滑堆积体,原有的滑面形成了天然的弱面。斜坡内岩体风化厚度大,岩土体岩性复杂、层序混乱,下伏的页岩力学强度低,遇水易软化崩解、泥化,斜坡体内岩体结构松散,孔隙大。

4. 地震效应

根据《中国地震动参数区划图》(GB 18306—2015),勘察区抗震设防烈度为Ⅵ度,设计基本地震动加速度峰值为$0.05g$,设计地震分组为第一组,设计加速度反应谱特征周期为$0.35s$。区域地壳基本稳定。

5. 水文条件

该路段边坡地下水极为丰富,场地地下水位大部分埋深较浅,本次勘查各钻孔均见有地下水,测得稳定水位埋深为1.50~18.00m(高程230.47~294.87m)。根据地下水赋存、分布特征及区域水文地质资料,地下水位年变幅在1.00~2.00m之间,K10+500左侧30m处临时道路旁见有泉水流出,流量约1L/s;开挖的二级边坡沿坡脚有地下水渗出。

沿场地低洼部位汇集,在 K10+400 部位汇集流量约 3L/s,另坡顶后侧(次级分水岭东侧)有较大面积水田分布,有小河流过水田中部,河水宽 0.5~1m,水深 0.1~0.2m,流速慢,流量约 5L/s,村庄南侧约 500m 有小河,河床底宽 4~10m,水深 0.5~1.0m,流量约 20L/s。

(二)原因分析

1. 内因

堆积体内岩体风化厚度大,岩土体岩性复杂、层序混乱,夹杂大块孤石,孤石间孔隙大;下部的碳质泥岩力学强度低,遇水易软化崩解、泥化。该处路段滑坡为典型的推移式变形体,特殊的地质结构及演化历史是孕育斜坡变形的内在条件。

2. 外因

首先是勘察设计深度不足,对地形地貌没有进行准确的研判;其次在降雨和工程开挖耦合作用下,诱发原本不稳定的斜坡产生了推移式蠕滑变形。

(三)制定处治方案

(1)对边坡上部的村屯进行整村搬迁,以确保村民的生命财产安全,以及避免后续治理后土体自然沉降后出现的防护持续开裂等问题。

(2)鉴于坡体整体覆盖层内岩体结构松散、孔隙大、覆盖层底部碳质泥岩遇水软化、支撑力较差的特点,根据各专家领导的意见,结合现场实际情况采用"坡体顶部卸载+路基边坡放缓+开挖路侧缓冲平台+路堑挡土墙支挡"的方案进行处治。

(3)完善边坡排水设施,在上部平台及边坡底部平台设置 3m×3m 的排水大盲沟,在边坡四周设置截水沟进行排水,以减少坡体地下水量并确保路基稳定。

(4)在方案实施过程中采用分期分步实施的方式进行处治,优先实施滑坡体卸载,待卸载完成后进行坡体稳定性监测,按监测结果确定下一步的处治加固方案。

现场处治图如图 2-4-4 所示。

(四)工程造价

变更增加费用包含有整村搬迁回建费用、临时应急措施费用、边坡卸载、支挡、路基处治费用等,预计变更金额超过 1 亿元。

a)整村搬迁　　　　　　　　　　　b)边坡卸载

c)平台清理　　　　　　　　　　　d)底部深层注浆

图 2-4-4　现场处治照片

四、处治效果

目前边坡上部村庄已经搬迁,边坡卸载工作基本完成,路基趋于稳定,排水通畅,边坡还在进一步修整后绿化,监测工作正在有序开展。

五、经验总结

(1)地质勘察不仔细、钻孔深度不足、地质钻探不准确,未能发现该路段所处位置为不稳定的堆积体,地质钻探资料与现场地质情况完全不符。

(2)由于地质勘察不仔细、地质钻探资料不准确,造成在路线选线、路线高程设置、边坡防护设计等均不合理。

(3)加强地质钻探及勘察的水平,加强对挖方路基地质钻探管理,严抓钻探质量。

(4)道路选线时,应重点规避在路基上方存在有大型村庄或是高压电塔等重要设施(该段如路线往左边偏移 50m 左右即可完全避免这一段炭质泥岩边坡开挖)。

(5)如选线时无法避免村庄或是高压电等情况,可以通过优化纵断面设计,减少开挖深度,降低安全风险(如该路段纵断面高程抬高 10m,就可以不用揭露碳质泥岩层,避免滑坡的发生)。

(6)在滑坡处置过程中可以采用深层位移监测手段结合钻孔芯样对滑动面进行判断。

第二节 "放缓坡率+挂网喷混凝土+坡脚挡土墙"处治顺层炭质泥岩边坡塌方

一、案例背景

(一) 工程概况

广西某高速公路互通 EK0+220~EK0+500 边坡在路堑挡土墙开挖施工中,第一级边坡揭露后受风化作用、炭质泥岩崩解、雨水冲刷、岩层顺层走向等因素导致边坡滑塌。

(二) 原设计情况

该段边坡设计为四级边坡,坡脚设矮挡土墙,边坡采用锚杆格梁+挂网喷混凝土进行防护,坡顶平台混凝土封闭。EK0+300~EK0+500 第一级坡采用锚杆格梁+植生袋绿化,二~四级采用锚杆格梁+挂网喷混凝土。第一~三级坡采用 12m 锚杆,第四级采用 9m 锚杆,9m、12m 锚杆抗拔力设计值分别为 100kN、120kN,锚杆入射角为 20°。EK0+220~EK0+300 段坡面仅有一级坡,采用挂网喷混凝土防护。原设计边坡防护设计图如图 2-4-5 所示。

二、病害描述

(一) 滑坡发展过程

路堑边坡逐级开挖防护至第一级边坡揭露后,施工路堑挡土墙时坡脚开挖,受风化作用、炭质泥岩崩解、雨水冲刷、岩层顺层走向等影响导致边坡滑塌,破坏原边坡防护。

(二) 滑坡结构特征

滑塌面积约 400m²,滑体厚度 2~3m,滑坡坡体体积约 1000m³,岩层倾向总体外倾,属于顺层边坡。边坡滑塌照片如图 2-4-6 所示。

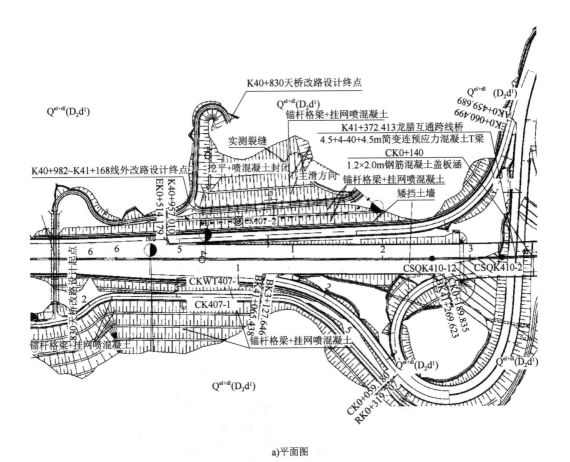

a) 平面图

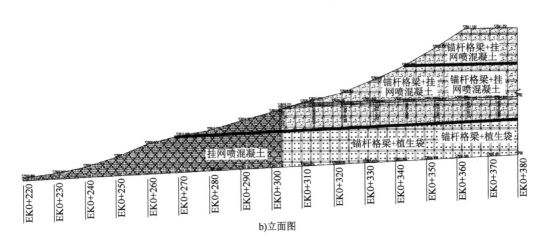

b) 立面图

图 2-4-5

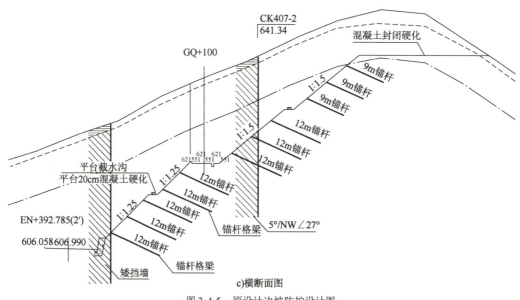

图 2-4-5 原设计边坡防护设计图

图 2-4-6 边坡滑塌照片

三、处置方案

（一）勘察情况

1. 地形地貌

勘察区为剥蚀低山地貌，地表海拔高程 609~654m，自然坡角 15°~25°，地表横坡较缓，地表未见不良地质发育，自然边坡稳定性好，地表植被较发育，多为杂草、灌木等。

2. 地层岩性

覆盖层为灰黄色硬塑状残坡积粉质黏土，厚约 2.0m，地表植被较发育；下伏基岩为灰黑、深灰色薄~中厚层状强~中风化炭质页岩夹泥岩,强风化岩体节理裂隙发育,岩质较软;中风化岩体节理裂隙较发育~发育,方解石脉充填,零星条带分布。岩层产状:5°/NW∠27°,两组优势节理为J1:54°/SE∠68°(10~12条/m),J2:25°/NW∠28°(8~10条/m)。

3. 地质构造

点位北部约5km处为F11更偶—打哈断层:呈北西向,延伸长度7.8km,性质不明,主要错断沿线石炭系地层及泥盆系上中统地层。路线于K33+000与该断层小角度相交,K30+000~K35+000离该断层较近。点位附近无较大的区域性构造。

4. 地震效应

根据《中国地震动参数区划图》(GB 18306—2015),项目所在区域地震动峰值加速度为$0.05g$,地震动反应谱特征周期为0.35s,对应地震基本烈度为Ⅵ度。

5. 水文地质条件

地下水分布不均匀性强。大部分路段地下水埋深较大,项目沿线地表溪流发育,地表切割强烈,地表河溪与孔隙裂隙水间呈相互补给关系。补给来源较少,地下水相对贫乏,呈就近补给就近排泄特点,雨季地下水补给河水,旱季河水补给地下水。靠近天峨一带山体高大密集,降雨补给来源广,水量相对丰富,冲沟发育过程中多切穿含水层而形成侵蚀泉。泉水出露后常汇聚成季节性甚至常年性山涧水流。

(二)原因分析

EK0+220~EK0+500路堑边坡岩层走向属于顺层,揭露地层岩性为强~中风化炭质泥岩,岩质较软,边坡开挖揭露后极易风化。路堑挡土墙施工时坡脚开挖后岩层稳定性差,在雨水冲刷等风化作用下,边坡层面间强度迅速降低,开挖后该段边坡发生滑坡。

(三)制定处治方案

EK0+220~EK0+500段边坡,主要以卸载方为主,减小坡率,确保边坡稳定性。

(1)EK0+220~EK0+500坡率由1:1.25变为1:2,通过卸载方式保证边坡稳定性。

(2)以往边坡喷射混凝土采用干喷方式,现引进隧道湿喷技术,回弹量小,较干喷工艺混凝土面更密实，避免雨水渗入坡面导致岩层遇水软化，强度降低，坡面失稳。

（3）路堑挡土墙施工，开挖一段防护一段，严禁超挖，开挖长度控制在10～15m之间，该长度为一个沉降缝长度，及时开挖，及时支护。

（4）路堑挡土墙开挖后墙后虚渣必须清理干净，挡土墙贴紧岩面，泄水孔按照设计图纸布置，确保墙后岩体稳定。

变更后边坡防护设计图如图2-4-7所示。处治过程照片如图2-4-8所示。

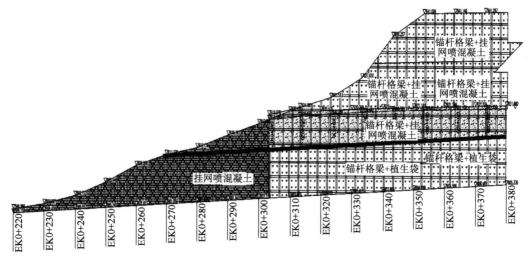

a）变更后防护设计立面图

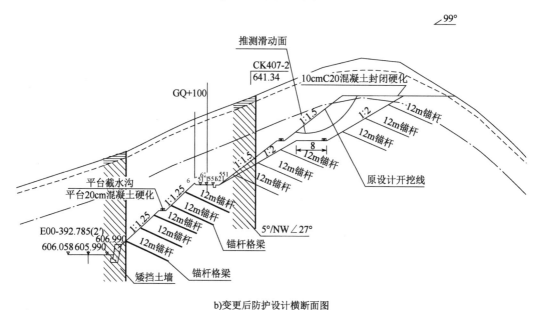

b）变更后防护设计横断面图

图2-4-7 变更后边坡防护设计图

图 2-4-8　处治过程照片

(四) 处治费用

本处治共计 34.44 万元,其中建安费 24.36 万元,征拆费用 10.08 万元。

四、处治效果

该段通过减小坡率、湿喷工艺,混凝土面密实,有效防止了雨水渗入,有效保证了坡面稳定性。挡土墙开挖长度控制在两个沉降缝之间,施工中坡面比较稳定,挡土墙泄水顺畅。处治后现场图如图 2-4-9 所示。

图 2-4-9　处治后现场照片

五、经验总结

(1)边坡开挖后采用湿喷工艺对坡面进行初步防护,避免坡面揭露岩层受风化作用强度降低,稳定性差。

(2)炭质泥岩边坡开挖防护长度不宜过长,尤其岩层为顺层边坡,需及时防护,避免边坡长时间暴露风化导致失稳。

（3）炭质泥岩边坡自稳性能较差，强～中风化炭质泥岩属于软岩，坡率宜控制在1∶2左右，硬质炭质泥岩边坡坡率为1∶1.5，保证边坡在钻孔、格梁施工中保持稳定。

（4）高边坡炭质泥岩，除设计中锚杆、锚索格梁防护，排水尤为重要，需在坡面设置泄水孔，保证坡面内部干燥、稳定。

（5）路堑挡土墙施工中，开挖一段，防护一段，有效控制开挖长度，避免坡脚开挖长时间暴露，造成边坡失稳。

第五章

CHAPTER 05

其他

第一节 "锚筋桩+挡土墙"处治多雨区运营公路边坡浅层滑坡

一、案例背景

(一) 工程概况

广西某高速公路已建成通车,K28+890~K29+010段左侧路堑边坡为二级边坡,最大坡高约18m,地表覆盖层厚度不均,植被以乔木和杂草为主。

(二) 原设计情况

设计为二级坡,从下往上坡率依次为1:1、1:1.25,级间平台宽1.5m,防护类型为挂网喷播植草防护。原设计平面图如图2-5-1所示。

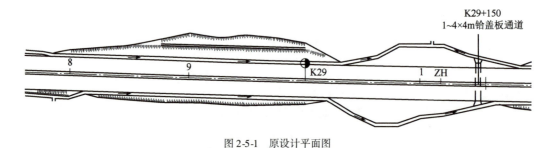

图2-5-1 原设计平面图

二、病害描述

受2017年5月下旬连续暴雨影响,K28+890~K29+010段左侧路堑边坡边坡失稳,出现多处浅层滑坡破坏,且坡顶出现拉裂缝。滑坡分布面积约3700m²,滑面厚3~7m,滑坡体体积约20000m³,滑坡剪出口为开挖边坡第一级平台往下约1m处,坡顶外缘拉裂缝已基本贯通呈圈椅状(图2-5-2),主滑方向为北东向,与路线方向近垂直。原边坡防护已损坏,滑坡体部分堆积在路面上,严重影响公路运营安全。

图 2-5-2 坡顶裂缝照片

三、处治方案

(一) 工程地质条件

边坡覆盖层为褐黄色硬塑状残坡积黏土,多夹灰岩块石,厚度不均,厚 1.0～3.0m,下伏基岩为泥盆系上统地层,岩性较杂,上部局部见灰、色中厚层状灰岩,为硬质岩,岩体较破碎,下部第一级边坡多出露浅灰、灰绿色泥质灰岩及泥质粉砂岩等,岩层产状大致为 320°/NE∠18°,属软质岩,遇水易软化崩解。

(二) 原因分析

1. 病害发生原因分析

边坡走向约 342°,与岩层走向呈小角度斜交,夹角约 22°,且岩层倾向与坡向一致,且岩层倾角比坡角小,左侧坡为顺层边坡,层面间局部存在软弱夹层。在雨水及风化作用下,边坡层面间强度迅速降低,导致第 2 级边坡沿层间软弱夹层出现顺层滑移破坏。同时,由于坡体发育竖向陡倾优势节理,与层面组合切割后,导致部分滑体呈块状结构。

2. 现场实际情况分析

该边坡塌方发生在已通车高速公路上,滑坡体已部分堆积在路面内,存在重大安全隐患,应加快确定治理方案并组织施工。在已通车高速公路上进行施工,原则上最多允许占用一条车道,并以最少占用时间、少进出高速公路次数等减少干扰行车的原则来组织施工。现场勘查发现裂缝距离原边坡开挖线较远,估算塌方体约 2 万 m^3,若考虑卸载全部塌方体,面临需补征土地和等待征地手续的办理,一定程度与快速施工相违背。加上运输大量弃方需较多运输车辆进出高速公路,运输及弃渣存在一定困难。

(三) 制定处治方案

针对该边坡变形破坏机理和现场实际情况,采用少量卸载塌方体,运用强支护的防护方式进行治理,全段在一级平台上采取锚筋桩+挡土墙的支挡措施进行加固,对坡面采用挂铁丝网喷播基材进行防护。具体如下:

(1)加宽第1级与第2级边坡间平台至5m,第2级边坡坡率1∶1.25不变。

(2)于一级边坡平台上,上部设置C30钢筋混凝土挡土墙,墙高4m,挡土墙延纵向每10m设一道沉降缝,缝宽2cm,缝内用沥青麻絮填充,沿路线每隔2m设一道φ9cm PVC(聚氯乙烯)泄水孔,共设两排,排距1.5m,泄水孔梅花形布置;挡土墙施工完毕后,墙身后进行回填压实处理,回填高度为墙高。

(3)在一级边坡平台下部采用锚筋桩结构对滑坡体进行加固,共布置2排锚筋桩,桩沿路线纵向间距为0.8m,桩排距为1m,锚筋桩桩长为12m,桩顶与挡土墙内钢筋连接。

(4)坡面采用挂铁丝网喷播基材的防护形式。

(5)挡土墙墙角设排水沟,坡面设三道急流槽,K28+895~K29+022设边坡坡脚矮墙。

处治方案边坡防护设计图如图2-5-3所示。

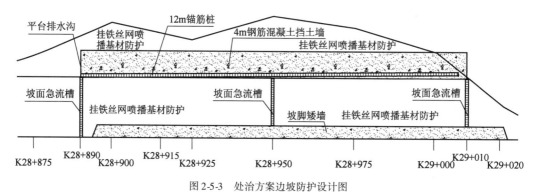

图2-5-3 处治方案边坡防护设计图

(四) 处治费用

处治费用包括建安费(含临时交通管制费约8.65万元)448.15万元,经济技术指标2636万元/km,费用占比98.93%;补征地费用(补征地1.18亩)约4.85万元,经济技术指标28.56万元/km,费用占比1.07%,共计约453万元。

四、处治效果

边坡治理于 2019 年 1 月完成,至今已五年有余,边坡稳定,支挡结构稳固,排水通畅,植被恢复效果较好,未发现有边坡开裂及滑塌的迹象。处治后现场照片如图 2-5-4 所示。

图 2-5-4 处治后现场照片

五、经验总结

(1)对于浅层小型滑坡,在滑坡剪出位置处增设挡土墙等支挡结构物可以较好地实现支挡滑坡和碎落土的效果。在支挡结构下布置锚筋桩,具有施工方便、较快速,并可同时起到加固支挡结构物、提高抗倾覆能力和主动加固边坡的双重作用。

(2)已通车高速公路上的边坡塌方治理方案应综合考虑现场实际施工条件,主要是综合考虑施工便利性、土地征收条件、弃土条件和安全管控等因素。

(3)边坡塌方治理方案必须综合考虑排水,根据现场实际排水路径完善排水系统,切勿忽略排水系统的设计及施工。

(4)已通车高速公路上的边坡塌方治理方案选择上,原则上应选择少卸载、少占用道路施工、施工简单的方案。

第二节 "抗滑桩+支撑挡土墙"处治陡坡面填筑高大路堤滑坡

一、案例背景

(一)案例背景

广西某高速公路 ZK78+054~ZK78+315 段左侧高填方路基为陡斜坡上填筑路堤,斜坡坡度高达 35°,左侧坡脚外邻近大型水库。于 2020 年 8 月开始填筑施工,2021 年 3 月路床基本填筑完成,随后开始完善格梁施工及坡面绿化。

(二)原设计情况

原设计路基分三级填筑,底部第一级填筑坡率为 1∶2,第二级填筑坡率为 1∶1.75,第三级填筑坡率为 1∶1.5,边坡设计防护形式为拱形骨架+客土喷播+衡重式护脚墙,并设置横纵向渗沟。路堤每填筑 2m 采用冲击压路机增强补压,填筑路床之前在路堤顶面进行强夯补强。设计路中心线最大填方高度约 17.463m,填方坡脚到路面高度约 52.791m。原设计填筑、防护设计图如图 2-5-5 所示。

二、病害描述

2021 年 7 月 26 日,受持续降雨影响,路基外侧出现沿路线方向的纵向沉降裂缝,坡脚挡土墙前倾并错台 10~20cm,最下栏拱形骨架普遍前移 30~50cm。2021 年 8 月 10—15 日,坡脚挡土墙前倾错台已扩大至 50cm,挡土墙顶部拱形骨架中间出现一条宽 1.5cm 平行于挡土墙的长裂缝,挡土墙顶与拱形骨架的下缘滑移 50cm 以上,填方整体下沉,拱形骨架连接处基本处于开裂、悬空状态,少部分的骨架已经断开,填方边坡有向下滑塌的趋势。2021 年 10 月上旬,坡脚堆载反压施工已基本完成,但填方路基仍继续恶化,坡面新增多条裂缝,原有裂缝宽度增大,拱形骨架扭曲变形严重。边坡发生病害后现场照片如图 2-5-6 所示。

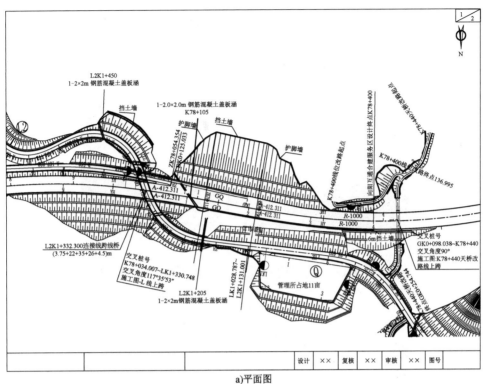

a) 平面图

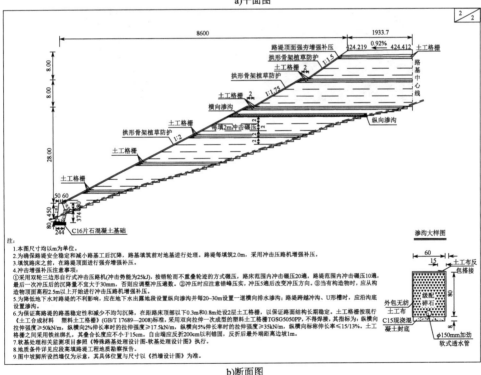

b) 断面图

图 2-5-5 原设计填筑、防护设计图(尺寸单位:cm)

a) 2021年8月边坡现场照片

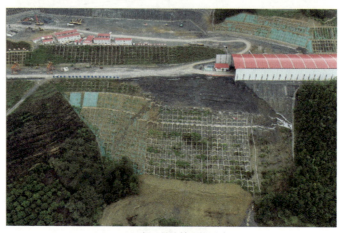

b) 2021年10月边坡现场照片

图 2-5-6　边坡发生病害后现场照片

三、制定处治方案

(一) 工程地质条件

1. 地形地貌

ZK78+054~ZK78+315 段左侧高填路堤,位于河池市天峨县向阳镇西南侧约 1700m 的山坡处,场地属丘陵地貌,原地形起伏较大,地面高程在 360~490m 之间,相对高差 130m,自然坡角为 10°~35°,坡脚下部为大型水库库区。

2. 地层岩性

原地表上部为残坡积层,厚度为 1~3m,下伏灰黑色薄层状强~中风化泥质灰岩,岩质较坚硬,但在干湿循环作用下易软化崩解。根据附近边坡开挖揭露岩层产状为30°/SE∠30°,节理 J1 产状为 345°/NE∠80°,节理 J2 产状为 20°/SE∠82°,自然边坡为顺层坡。现场钻探断面图如图 2-5-7 所示。

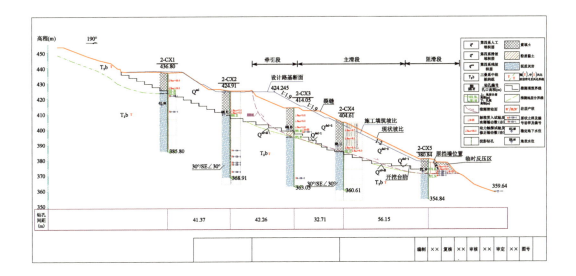

图 2-5-7　现场钻探断面图

(二) 滑坡形成机理分析

ZK78+054~ZK78+315 段高填路基填筑于陡坡之上,滑坡后缘汇水区域较大,在土体内部排水不畅的情况下,雨水下渗及龙滩水库水位升降软化坡脚岩土体,使其力学性能降低,并在上部荷载的持续作用下,坡脚处首先发生位移变形(坡脚挡土墙前倾开裂),在前方土体带动下,后方土体也向下位移变形(坡面陆续出现拉张裂缝),后方土体位移变形又作用于前缘土体,二者相互促进,交替发展,最终牵引带动后缘填方路基变形失稳,形成中型牵引式滑坡。

(三) 治理必要性

该路基滑坡面积约22400m², 滑动面埋深9.50~19.00m, 滑坡体平均厚度约12.50m,估算滑坡体积约为 28 万 m³。由于该高填路基失稳涉及面积和方量较大,若处理不彻底将严重影响后期运营,存在较大风险。

(四)治理方案思路

2022年3月2日,建设单位邀请有关领导、专家到现场调研指导,并听取了设计院对路基失稳情况及初步处治方案。确定处治方案为:

开挖卸载大部分滑体,在坡脚设置桩基承台挡土墙支挡,桩径1.5m,桩长9m,共设置两排,排距5.0m,纵向间距4.0m;承台宽7.1m,厚1.0m;挡土墙为5m高的重力式挡土墙,顶宽1.0m,底宽3.0m,墙高5.0m;桩、承台与挡土墙设置钢筋连接。挡土墙施工完成并达到强度后,挖除滑面以上部分填土,按高填路基相关要求进行填筑。处治方案设计图如图2-5-8所示。

(五)工程造价

处治费用约1580万元,其中挖除滑坡体约236万元,重新填筑(含强夯、土体排水等)约449万元,支挡、防护约895万元。

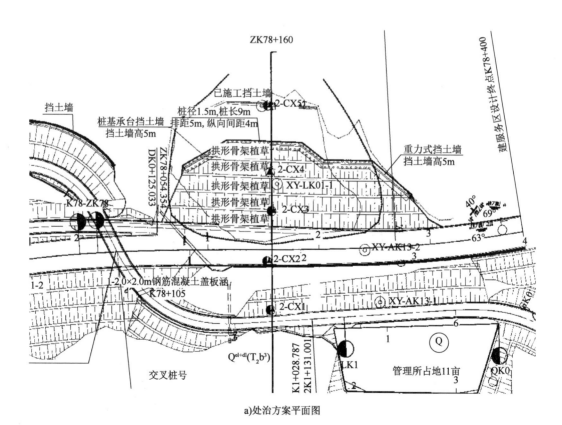

a)处治方案平面图

图 2-5-8

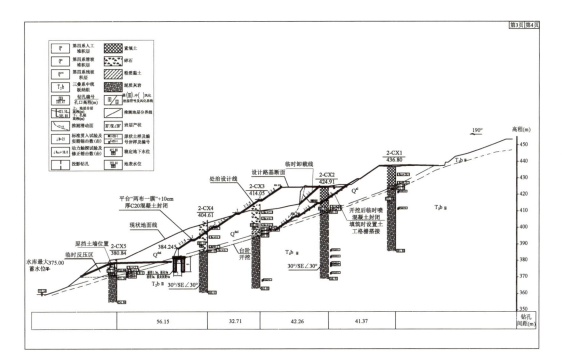

b) 处治方案断面图

图 2-5-8　处治方案设计图

四、处治效果

该路段按处治方案实施完成后,当前路基稳定,未发现路基不均匀沉陷和开裂现象。处治后现场照片如图 2-5-9 所示。

图 2-5-9　处治后现场照片

五、经验总结

（1）线路跨域深沟路段时，特别是自然坡度较大、底部接触面小的深沟，要充分对比论证高路堤方案和桥梁跨越方案，原则上采用桥梁方案进行跨越。

（2）当采用高路堤方式经过深沟时，要注重坡脚支挡设计，支挡结构物设置位置要进行详细地质钻探和水文情况调查，以准确的地质资料修正设计参数，保证结构物基础稳固。

（3）填筑施工时，要严控台阶开挖质量和填筑速度，应早开工、低速度进行填筑。同时，注意土体内部排水设施的精细施工和边坡排水设施的及时施工，以期形成完整排水系统，减弱雨水对高路堤的不利影响。

第三篇

隧道工程地质灾害处治案例

第一章

CHAPTER 01

突泥涌水

第一节　隧道突泥涌水塌方处治

一、隧道突泥涌水塌方处治案例一

(一) 案例背景

某隧道在建设过程中共发生了 4 次大规模的突泥涌水地质灾害,本节仅收集了该隧道右洞"9·11"突水灾害和"5·1"突泥涌水灾害处治案例。

1. "9·11"突泥涌水灾害

2013 年 9 月 11 日 6:30 左右,正在开挖施工的某隧道右洞 CK7+838 掌子面出现股状涌水,涌水点直径开始约为 15cm,随后增大至 80cm,初始涌水量为 1000~1200m^3/h,最大突水量达 1280m^3/h;9 月 12—21 日,隧道内涌水量保持约 700m^3/h,累计突水量达 $25\times10^4m^3$。由于隧道纵向设计为人字形坡,隧道右洞变坡点距离隧道进口 123m,突水发生时右洞以 0.4% 的反坡开挖施工了 1238m,突涌水淹没反坡段长达 750m,测算洞内靠近掌子面处最大水深达到 3.0m。

突水发生前,隧道掌子面采用聚亚胺酯类浆液进行了超前注浆。至 2013 年 9 月 21 日晚,隧道掌子面上方地表出现塌陷,坍塌体堵塞充填使地下水径流通道发生变化,洞内涌水量显著减少,右洞减少为 45m^3/h,左洞为 57m^3/h。累计突水量达 $25\times10^4m^3$,洞内淤积泥沙量约 2000m^3,其间洞内未施作二次衬砌的初次衬砌结构出现变形和开裂,并出现较大面积的塌方,同时,垂直隧道轴线距离隧道掌子面 800m 处某村村委会附近的饮水井(为泉眼露头)和水塘出现干涸或水位下降,附近房屋、路面出现不同程度的下沉和开裂。现场情况如图 3-1-1、图 3-1-2 所示。

2. "5·1"突泥涌水灾害

2015 年 5 月 1 日 14:10 左右,该隧道进口右洞上台阶掌子面 CK7+835 开挖完成,施工初期支护时,右侧拱脚位置处突然冒出直径约 15cm 的股状水,涌水量约 40m^3/h,施工人员及时进行堆积沙袋及采用喷射混凝土封闭涌水口,涌水基本止住;16:00左右,封闭的涌水口突然被击破,涌水量增加到600m³/h,水量不断加大,拱顶部位也开始涌水。因涌水量过大,现场无法将水堵住,至19:00,右洞积水已漫至CK7+622,距离掌子面约210m,最大积水深0.9m,其后淹没路段不断延长,最长达360m,最大积水深度1.5m。突水事件导致某村村委会附近小溪断流,部分鱼塘、水井干涸,原地表塌陷坑下沉。涌水口上方塌陷坑直径约7m、深度4m。突水1d后,该村村委附近地表河流多处塌陷断流,突水3天后,原"9·11"突水灾害造成的地表塌陷处再次出现塌坑。至2015年5月9日,隧道掌子面才得以有效封闭,其间累计涌水量达$10×10^4 m^3$,淤积泥沙约1000m³。现场状况如图3-1-3所示。

a)隧道右洞涌水口　　　　　　　b)隧道右洞掌子面

图3-1-1　隧道右洞进口"9·11"突泥涌水口及掌子面现场照片

a)隧道右洞洞内涌水　　　　　　　b)地表塌陷

图3-1-2　隧道右洞进口"9·11"突泥涌水灾害现场照片

(二) 原设计情况

该隧道设计为小净距分离式特长高速公路隧道,右线起讫桩号为CK6+472~CK10+765,长4293m;左线起讫桩号为DK6+447~DK10+730,长4283m。隧道最大埋深450m,在K7+500~K8+000段穿越某村带状盆地,该区域隧道埋深约90m,岩体主要为全强风化花岗岩,岩体强度极低,富水性强。隧道采用新奥法施工,初期支护为锚杆喷射混凝土支护,二次衬砌采用现浇混凝土支护。

a)隧道右洞突泥涌水口　　　　　　　　　b)隧道右洞突泥涌水

图 3-1-3　隧道右洞进口"5·1"突泥涌水灾害现场照片

隧道纵向设计为人字形坡,右洞变坡点距离隧道进口123m,坡率为2.412%,左洞变坡点距离隧道进口140m,坡率为2.497%,随后左右洞均以-0.4%的下坡至隧道出口。隧道开挖时涌水量最大的地段主要分布在K7+500~K8+160段的山心村带状谷地附近,隧道右洞CK7+774~CK8+145段穿越山心村,埋深90~110m。地表四周环山、中间稍平坦,呈狭长微盆地状,隧顶上方山心村住户500多户,人口3000多人。

(三) 工程地质情况

隧道抢险段落(山心村段)地表为山心—岭脚村谷地,四面环山,为相对封闭的长条状小型盆地,谷地内地势较为平坦,其东西向长约2900m,南北向最宽处约400m,谷地的长轴方向与隧道线位基本垂直,隧道线路如图3-1-4所示。应急抢险时布设的ZK1~ZK9钻孔处的谷地宽约150m,钻孔剖面在隧道的右侧,与隧道右洞的水平距约100m,该处地势相对较高,为谷地内地表水的分水岭。

隧址区位于由福庆向斜、白石峒向斜、塘峒向斜构成的加里东期褶皱群与燕山期水汶向斜之间,容县至岑溪断层及大隆至水汶断层分别从隧道两端的北东、南东向通过。综合勘察资料,判断在谷地内存在一条沿谷地走向分布的裂隙密集发育带,隧道右洞CK7+840~CK8+020段与其相交,裂隙密集发育带内不仅岩体破碎、裂隙发育,同时对谷地内的地下水还有导水、蓄水的功能。隧道抢险段落地质剖面图如图3-1-5所示。

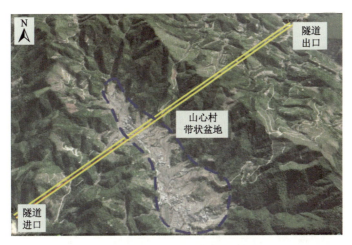

图 3-1-4 隧道线路图

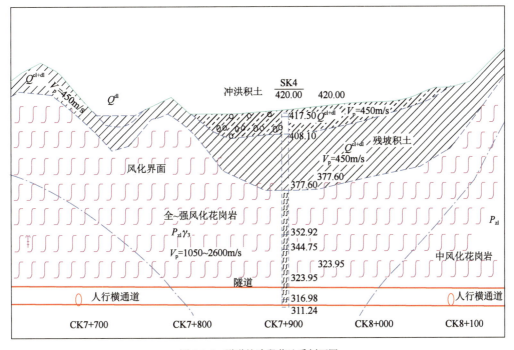

图 3-1-5 隧道抢险段落地质剖面图

总体上看,隧道施工进入富水全~强风化花岗岩段后,由于该段地表径流网密度大,含水层厚度大,同时地下水还具有承压水的特征,频繁遇到渗涌水量大、围岩变形侵限、掌子面失稳等工程难题。抢险段落的不良地质特征主要表现以下几个方面:

(1)水文地质条件极端复杂。

(2)导水通道分布广,截流封堵难度大。

(3)围岩极度软弱破碎,加固治理难度大。

(四)处治方案

1."9·11"突泥涌水灾害抢险处治措施

"9·11"突泥涌水灾害发生后,现场组织开展了抢险工作,主要包括机械抽排洞内积水、洞内回填反压及地表塌坑回填等措施。

(1)机械抽排洞内积水。隧道突泥涌水引发了地表塌坑、水位下降等次生灾害,考虑到持续的突泥涌水将进一步加剧地表次生灾害,且隧道内被淹没段结构可能发生受损破坏,若在地面施工截水帷幕方案从工期与技术上难度较大,因此采取机械抽排洞内积水方案。2013年9月11日上午,隧道右洞CK7+838掌子面突泥涌水发生时,初期涌水量为1000~1200m³/h,至当天19:00,积水淹没至CK7+050处,13h内隧道积水达15820m³。同年9月12日晚,排水设备进场、调试完成后开始抽水,洞内水位缓慢下降,抽排水工作持续至洞内水位降至CK7+774后,洞内开始回填反压,至同年9月22日结束抽排水工作,隧道右洞渗涌水量降至50m³/h左右。

(2)洞内回填反压为了防止洞内初期支护的进一步破坏,以及地表塌陷、水位下降等次生灾害的进一步发育,通过机械抽排使得洞内积水退至CK7+774处,此处至隧道洞口的二次衬砌支护均已浇筑,至掌子面处的初期支护及部分仰拱也已经施作,具备回填反压的条件。采用逐步推进的方案向突泥涌水的掌子面处回填,由于隧道突涌水过程中携带了较多的泥沙并淤积在掌子面附近,且CK7+818处初期支护发生局部坍塌,采用洞渣回填至CK7+810处后,向淤积体处泵送混凝土,设置沙袋封堵墙,并留设排水管,之后在CK7+792~CK7+798处又设置一道沙袋封堵墙,并在沙袋外采用泵送混凝土进行加固。洞内回填反压现场施工如图3-1-6所示。

隧道右洞在二次衬砌至CK7+828约64m的段落,用洞渣反压回填,填至离拱顶约3m的位置,大致相当于填至上台阶。上述工作在2013年9月21日完成。2013年9月22日,开始在CK7+818位置设止浆墙,厚度6m,2013年9月24日完成。2013年9月21日21:00,CK7+840处塌方,垂直冒顶,坍塌土石方堵塞了涌水通道,此时涌水变渗水。冒顶处于2013年9月23日4:00完成了洞渣封堵。此外,隧道进口左洞在涌水后初期支护出现变形,在隧道左洞采用水泥混凝土封闭了掌子面,在二次衬砌至掌子面之间约

56m 的段落,用洞渣反压回填,填至离拱顶约 3m 的位置,大致相当于填至上台阶。上述工作于 2013 年 9 月 21 日完成。2013 年 9 月 22 日,开始在 DK7+790 位置设止浆墙,厚度 3m,2013 年 9 月 25 日完成。突泥涌水抢险结束后隧道右洞内情况如图 3-1-7 所示。

图 3-1-6 洞内回填反压施工现场照片

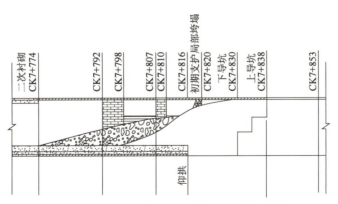

图 3-1-7 突泥涌水抢险结束后隧道右洞内情况示意图

(3)地表塌坑回填,突泥涌水发生第二天,在距离隧道轴线西侧800m外的一栋三层楼房地基旁出现两个塌坑,并逐渐扩展相连,塌坑长约10m、宽5m、深4m以上。为了防止塌坑对房屋进一步造成影响,采用混凝土回填方案对其进行处理。2013年9月17日晚,距离隧道轴线西侧900m的小溪连续出现塌坑,对其采取了铺垫防水板及混凝土回填的措施。由于隧道右洞掌子面及初期支护的局部坍塌,隧道正上方地表在2013年9月21日出现较大的圆形塌坑,直径约20m、深度约20m,采取洞渣回填,并在地表铺设防水布。在抢险工作进行过程中,根据地表灾害情况,划定地表危险区域,对影响范围内的人民群众妥善安置。在隧道右洞进口"9·11"突泥涌水灾害治理过程中,隧道其余施工作业面施工措施及后续施工方案如下:

①进口左洞在突泥涌水抢险期间对掌子面进行了封闭处理。

②2013年10月13日,经观测稳定后,隧道出口端左、右洞掌子面(CK8+145/DK8+150)恢复正常的开挖施工。

③隧道进口左、右洞因方案未确定,暂停现场施工,观测左、右洞涌水量及结构变形情况。

④施工单位在2014年5月5日—12月22日开展进口端左洞DK7+758~DK7+791段的换拱施工;2014年7月17日—9月30日开展右洞CK7+774~CK7+801段的换拱施工,2014年12月—2015年4月21日开展进口端左洞DK7+791~DK7+817段的换拱施工,2015年4月21日后施作DK7+817处注浆;2014年12月—2015年5月1日开展右洞CK7+801~CK7+835段的换拱、开挖施工;2015年5月1日发生涌水暂停。

2."5·1"突泥涌水灾害抢险施工方案

该隧道右洞进口CK7+835突泥涌水灾害发生后,参建各方迅速组成应急抢险工作组,针对隧道突泥涌水实际情况,确定采用袋装碎石(部分采用袋装水泥)封堵涌水口、预埋泄水管控制排水、地表塌陷坑洞渣回填及洞内反压回填封闭掌子面等一系列具体措施。具体抢险施工过程如表3-1-1及图3-1-8、图3-1-9所示。

"5·1"突泥涌水灾害抢险施工 表3-1-1

日期	时间	突泥涌水及抢险施工过程基本情况
2015年5月1日	13:50	隧道进口右洞上台阶掌子面CK7+835开挖完成,施工初期支护时,有侧拱脚位置处突然冒出直径约15cm的股状水,水量约40m³/h。施工人员及时进行堆积沙袋及采用喷射混凝土封闭涌水口,涌水基本止住
2015年5月1日	13:50	涌水口位置水量突然增大,涌水从封闭的碎石袋及周边缝隙中喷出
2015年5月1日	16:20	由于水量增大,涌水突破封闭沙袋及上方掌子面,涌水量增加到600m³/h,水量不断加大,拱顶部位也开始涌水
2015年5月1日	19:00	右洞积水已漫至CK7+622,距离掌子面约210m,最大积水深0.9m,其后淹没路段不断延长,最长达360m,最大积水深度1.5m
2015年5月2日	00:00	完成左洞上、中台阶临时混凝土仰拱封闭
2015年5月2日	上午	山心村村委(距离突水掌子面约800m)附近河流多处沟断流,人工进行封堵
2015年5月3日	1:00	洞内积水抽到预定水位,机械、人员开始进入洞内清理积泥及码砌掌子面、中台阶碎石袋(反压工作到22:40)
2015年5月3日	下午	17:20开始右洞下台阶止浆墙施工
2015年5月4日	8:40	开始浇筑右洞中台阶止浆墙,至18:00完成
2015年5月4日	18:30	右洞中台阶止浆墙完成后,继续采用碎石袋对掌子面进行堆填反压,至20:10完成
2015年5月4日	20:10	右洞上台阶立模,准备施工上台阶止浆墙
2015年5月5日	2:30	完成右洞上台阶立模,准备浇筑止浆墙时,涌水口突然停止涌水,现场工人迅速撤离现场,约1min后涌水口再次出现较大的涌水,带有回大声响,将涌水口周边堆填碎石袋冲垮,部分被混含泥沙的水流抛出20m外距离,起初涌水较大,10min后水量恢复正常,至地表查看发现隧道顶原"9·11"塌陷坑处再次塌陷,形成直径约8m,深4m的塌陷坑
2015年5月5日	5:35	组织机械设备及人员对地表塌陷坑进行回填,至11:30完成
2015年5月5日	11:00	组织机械设备对中台阶止浆墙上半部分进行洞渣反压回填,至2015年5月6日1:27完成
2015年5月6日	13:00	右洞在涌水两侧堆填碎石袋形成流水槽

续上表

日期	时间	突泥涌水及抢险施工过程基本情况
2015年5月7日	0:00	左洞上台阶完成立模,浇筑上台阶止浆墙,至6:00完成
2015年5月7日	9:45	组织装载机运送碎石麻袋至掌子面码砌,11:24开始利用混凝土对涌水两侧堆填碎石袋进行固结,至15:30完成
2015年5月7日	15:50	干冲原安置点饭堂右侧水沟小塌坑致水下渗,水沟断流,采用化学浆及防水布处理
2015年5月8日	12:30	浇筑左洞下台阶止浆墙
2015年5月8日	17:25	右洞预埋60cm钢管水量增大,由原来1/3管流水面积增加到4/5流水面积
2015年5月8日	19:50	右洞预埋钢管堵水不再出水,涌水从拱顶混凝土缝隙中流出,水量大量减少
2015年5月8日	20:50	右洞预埋钢管自行疏通,涌水从管内流出,达到1/2管流水面积,拱顶停止出水
2015年5月8日	21:50	右洞钢管再次堵塞,涌水从拱顶缝隙中流出,仅有19:50时拱顶出水的1/3
2015年5月8日	23:00	右洞拱顶停止出水,钢管内大量泥浆涌出,有较大声响,含水量极小,约20min后涌水口被封堵,泥浆停止涌出。地表第一次塌陷位置再次出现塌陷,直径约10m,深度约5m
2015年5月9日	1:00	组织机械设备对地表塌陷进行回填,至8:00基本填平
2015年5月9日	8:00	填平的塌陷坑出现一次小规模沉陷,后继续回填块石平整,至11:15回填完成,并采取了防水措施
2015年5月9日	13:00	清理右洞淤泥
2015年5月11日	0:30	对右洞预埋钢管采用钢板焊接封闭,周边碎石袋与块石反压,右洞继续清理淤泥

a)右洞预埋泄水钢管　　　　　　　　b)右洞封堵掌子面

图3-1-8　"5·1"突泥涌水灾害洞内抢险施工现场照片

a)碎石袋封堵　　　　　　　　　　　b)灾后清理

图 3-1-9 "5·1"突泥涌水灾害抢险结束后洞内现场照片

在隧道右洞进口"5·1"突泥灾害治理过程中,隧道其余施工作业面施工措施及后续施工方案如下:

(1)右洞进口:CK7+835 涌水后暂停工作面施工,至新施工单位进场后,在 2015 年 10 月 13 日启动该段落的帷幕注浆施工,于 2016 年 10 月 18 日贯通。

(2)右洞出口:2015 年 5 月 5 日开始 CK7+992 掌子面的开挖施工。

(五)处治效果

隧道四次突水涌泥地质灾害的处治基本均采用机械排水+反压回填封堵掌子面(预埋泄水管)+泵送混凝土回填空腔+全断面帷幕注浆+三台阶开挖施工+地表塌坑回填的处治方案,洞内反压回填对掌子面的稳固起到至关重要的作用,有效防止了洞内初衬的进一步破坏和地表塌陷、水位下降等次生灾害的进一步发育,为后续泵送混凝土回填空腔和帷幕注浆作业创造了条件。同时,采取排堵结合的原则预埋泄水管,有效降低了掌子面及附近段落的水压,确保了掌子面及洞内初期支护的稳定。全断面帷幕注浆有效固结了掌子面前方土体强度低、水稳性及抗扰动性极差易崩解、流失的含细砂较高的岩土体介质,在富水风化花岗岩地层中,浆液通过驱替置换、挤密压实及优势路径三种机制逐步扩散进入土体内部,并与土体发生相互作用,起到堵水加固的效果,同时提升了围岩自身的强度和稳定性,确保了隧道正常掘进。

隧道帷幕注浆段落左洞长 171m(DK7+817~DK7+988),右洞长 180m(CK7+820~CK8+000),共实施了 22 个循环注浆工作,并对 3 个注浆效果不理想的循环段落开展了补充注浆工作。可以看出,通过系统实施全断面帷幕注浆、排堵结合等突泥涌水防治措施,并在施工过程中动态优化调整,隧道突泥涌水灾害治理效果明显。

二、隧道突泥涌水塌方处治案例二

(一)案例背景

2019年8月16日1:10,正在开挖施工的隧道进口端左洞掌子面ZK61+522出现突泥涌水,涌水点直径约80cm,前后突泥量约4000m³。突泥淹没段长达450m,测算洞内靠近掌子面处最大泥深达到3m。突泥涌水一直持续至5:00停止,其间洞内掌子面时有物体掉落的回响声,次日上午开始对突泥进行转运处置。现场情况如图3-1-10所示。

a)掌子面突泥涌水　　　　　　　　　b)掌子面突泥涌水

图3-1-10　隧道左洞进口"8·16"突泥涌水掌子面现场照片

在随后的一个多月内,先后出现4次突泥涌水,前后突泥量约12000m³。在掌子面处于稳定状态后,发现掌子面拱顶右侧靠拱腰位置出现溶洞,经对掌子面地质超前钻探测,发现掌子面前方约36m段落为溶洞,溶洞内有泥夹孤石填充物,且溶洞发育向拱顶延续。

(二)原设计情况

该隧道设计为分离式特长深埋隧道,隧道起讫里程桩号为左幅ZK61+220~ZK66+860,长5640m;隧道最大埋深约301m。隧址区属构造溶蚀峰丛洼地、谷地地貌区。隧道最大埋深约301m,洞轴线进口走向方位约262°,洞身段走向方位角约289°,出口走向方位约282°;单幅隧道净空11m×5m。隧道进口处距离某村乡村水泥路直线距离约430m。隧道进口端左洞ZK61+410~ZK61+640段,围岩等级为Ⅳ级,围岩系中风化白云质灰岩、中风化灰岩、层状结构、块状构造、裂隙较发育,岩体较破碎,按Ⅳc型衬砌进行支护,主要衬砌形式为超前支护采用 φ22mm 超前锚杆,初期支护采用 φ6mm 钢筋网、格栅钢架、C25 喷射混凝土厚 20cm,二次衬砌为厚 40cm 的 C30 防水混凝土。

(三) 工程地质情况

1. 地形地貌

根据沿线地貌分区,隧址区属构造溶蚀峰丛洼地、谷地地貌区。隧道通过地段地面高程在 339.00~728.00m 之间,相对高差约 389.00m,地势起伏相对较大,山坡坡度较陡,植被局部茂盛,洞身段部分现今只有机耕道与外界相通,少有人通行。隧道进口处于一稍缓斜坡上,坡度约 12°,坡向约 125°,自然山坡现均处于稳定状态;出口处于一稍缓斜坡上,坡度约 15°,坡向约 296°,自然山坡现均处于稳定状态。

2. 地层岩性

根据钻探和地质调绘,隧址山体覆盖层仅局部分布,厚度较薄,钻孔揭示最大厚约 2.90m,主要为残坡积成因的含碎石粉质黏土。隧址下伏基岩岩性为泥盆系上统榴江组(D_3)及泥盆系中统东岗岭组(D_2d)白云质灰岩。灰岩及白云质灰岩岩质较硬,饱和抗压强度较高,一般均属较坚硬岩,岩芯一般多呈柱状,局部呈块状。

3. 地质构造

隧址区大地构造位于印支第一亚构造层(泥盆系)之中。区内缺失第三系地层,根据第四系河流阶地和溶洞发育的情况来看,喜马拉雅运动性质以上升运动为主,表现为各级不同高度的阶地和溶洞层。根据工点地质调查,隧址周边岩体节理裂隙发育。进口 2 组主要节理裂隙,产状为:L1 产状 95°∠80°,闭合,延伸长度 1~2m,密度 1~2 条/m;L2 产状 30°∠85°,闭合,延伸长度 2~3m,密度 2~3 条/m。出口 2 组主要节理裂隙,产状为:L1 产状 250°∠86°,闭合,延伸长度 2~3m,密度 1~2 条/m;L2 产状 320°∠80°,闭合,延伸长度 3~4m,密度 2~3 条/m。

4. 水文地质

隧址区地处属亚热带潮湿气候区,气候温和,日照充足,雨量充沛,一年四季分明,夏长而多雨,多年平均气温 19.5℃。年平均降雨天数 150~204d,多年平均降雨量 1807.2mm,降雨集中在 4—9 月。雨季时间长,对路基、路面及人工构筑物等施工均有一定的影响。

1）地表水

隧址区地表水不发育，主要为雨季时形成的地表面流，汇集和排泄大气降水，由高处向低洼地段排泄，其自然排泄畅通，对隧道建设基本无影响；但应注意暴雨期间地表面流对洞口的冲刷破坏作用，宜采取截流、疏排措施。

2）地下水

（1）地下水类型及特征。

隧址区地下水可分为松散岩类孔隙水、碳酸盐岩岩溶水两种类型。松散孔隙水赋存于残坡积含碎石粉质黏土中，含水层总体厚度较小，分布不稳定，多处于隧道洞身低洼地带，储水条件较差，易渗透流失，仅季节性有水，旱季多呈干涸状，该层分布于隧址区浅表层，对隧道施工影响小。碳酸盐岩岩溶水赋存于碳酸盐岩因构造、溶蚀作用而形成的溶洞、地下河管道、溶蚀裂隙和溶孔中，水量大小受裂隙及岩溶发育程度的控制，局部地段由于溶蚀现象发育，补给条件较好，隧道开挖时可能存在滴水、渗水及涌水现象。

（2）补、径流、排条件及动态特征。

地下水的补给：隧址区内地下水主要接受大气降雨补给，沿孔隙、基岩裂隙、溶蚀裂隙等向地势低凹处呈脉状、线状排泄；岩溶水水量大小受岩溶发育程度及补给源的控制，季节性较明显，特别是雨季时形成的地表面流易沿溶蚀裂隙、落水洞迅速下渗，地下水流量急剧增大，对隧道建设有重要影响。

地下水的径流：隧址区地下水由高向低处径流，径流方向受地形地貌、地质构造控制。在地形地貌控制方面，高一级剥离面地区地下水向低一级剥离面径流，显示出与地表水流向一致性。在构造控制方面，地下水主流向与构造线一致，即沿着向斜、背斜轴走向径流。

地下水的排泄：地下水的排泄受地层岩性、地形地貌、地质构造控制，隧址区地下水排泄部位和溢出形式为在碳酸盐岩分布的隧道进出口山前区，含水层埋藏于山间盆地之下，丰富的岩溶地下水沿裂隙运移，以接触泉或上升泉的形式排泄。

（3）地下水水质。

根据邻近工点所取水样水质分析结果，隧址区地表水、地下水对混凝土及混凝土中的钢筋具微腐蚀性，对钢结构具微腐蚀性。

(4)地下水影响。

隧址区基岩岩溶裂隙水水量总体不大,接受大气降水入渗补给;在隧道浅埋段裂隙较发育,碳酸盐岩岩溶水和基岩裂隙水受地表水补给条件较好,隧道开挖,滴水、渗流现象明显。由于隧址区基岩为可溶性碳酸盐岩,岩溶较发育,山体深部可能存在着岩溶管道,隧道开挖时可能会发生涌水现象。

(四)处治方案

隧道进口端"8·16"突泥涌水灾害发生后,现场组织开展了抢险工作,主要包括机械抽排洞内积水、洞内清淤、回填反压等措施。

针对出现的突发情况,项目组织召开了专家评审会;2019 年 11 月 11 日,再次组织设计单位、行业内专家召开了专家评审会,综合各方意见,对隧道左线进口 ZK61+522 处前方溶洞段采用抗水压二次衬砌设计,增强设计支护参数,确定处理段落为 ZK61+512~ZK61+568 段,具体方案如下:

(1) ZK61+522~ZK61+558 溶洞段对掌子面采用洞渣反压回填,将部分突泥置换为洞渣,拱顶泵送混凝土,边墙后区域填充物采用径向 ϕ42mm 小导管+高压劈裂注浆加固,修筑作业平台,采用环形开挖留核心土施工工法,如图 3-1-11 所示。

a)洞渣反压回填　　　　　　b)小导管注浆加固

图 3-1-11　隧道进口左洞突泥涌水处理现场照片

(2)反压回填处理完成后,施作超前支护,超前支护采用 ϕ76mm 自进式管棚配合双层 ϕ42mm 注浆小导管。管棚长度 $L=24$m, ϕ76mm×5.5mm 超前自进式管棚进行支护,环向间距 30cm,仰角 6°,管棚内插入 ϕ28mm 螺纹钢,施工及注浆参数参照洞门管棚参数施工。超前小导管采用 ϕ42mm×3.5mm 无缝钢管,第一层环向间距 40cm,仰角大于管棚施作角度,每循环长度 4.5m,搭接长度 2m。第二层环向间距 40cm,每循环长度 4.5m,仰角大于第一层施作角度。

(3)边墙后区域填充物采用径向 φ42mm 小导管 + 高压劈裂注浆加固,如图 3-1-12 所示。

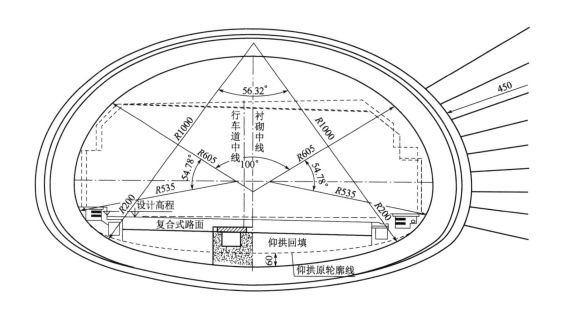

图 3-1-12　高压劈裂注浆断面图(尺寸单位:cm)

(4)初期支护采用 φ8mm 钢筋网 + 纵向间距 50cm 的 I22b 钢拱架 + 28cm 厚 C25 喷射混凝土。初期支护钢架拱脚底施工作托梁,钢架拱脚落置托梁上。初期支护、防排水其他参数及二次衬砌施作如图 3-1-13 所示。

(5)二次衬砌采用 80cm 厚 C40 防水钢筋混凝土,ZK61 + 558 ~ ZK61 + 568 段为溶洞过渡段,采用 Va 型衬砌类型进行支护。

(五)处治效果

通过超前管棚支护、小导管径向注浆、加强衬砌结构以及超前水平钻 MC-15 等技术,经过约 3 个月的处治,涌水段基本处理完毕。通过一段时间内对隧道拱脚位移、应变和二次衬砌裂缝等监测观察,ZK61 + 558 ~ ZK61 + 568 岩溶段隧道沉降量测数据符合要求,隧道拱身变形逐渐趋于稳定,强度满足设计和使用要求,处理效果总体安全、高效和可靠,处理方法总体成功有效。

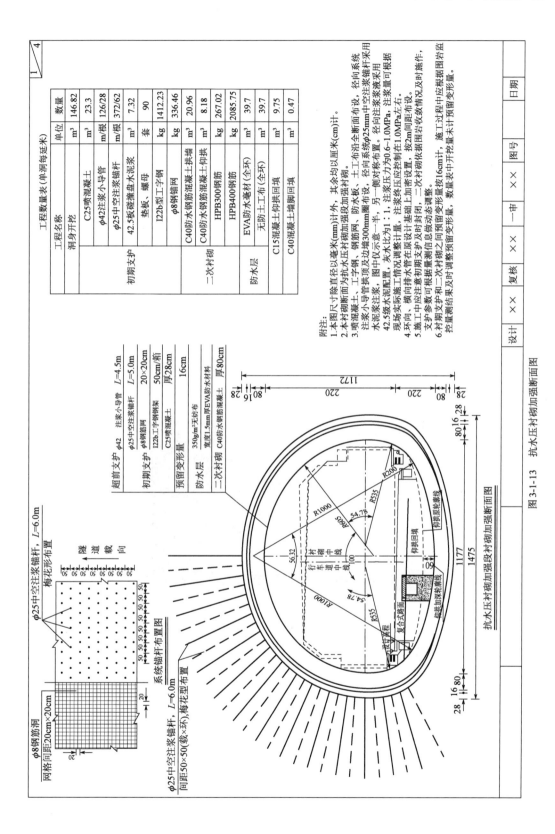

图 3-1-13 抗水压衬砌加强断面图

第二节　隧道突石突泥处治

一、案例背景

某隧道总长3145m,属于特长隧道,由隧道前段、隧道后段组成。隧道前段左洞起讫桩号Z4K31+050~Z4K31+905,共长855m;隧道后段左洞起讫桩号Z4K32+035~Z4K34+320,共长2285m。

隧道采用两端开挖,2016年11月19日,隧道后段左洞进口端开挖至Z4K32+793掌子面时,发生突石突泥灾害,此时出口端已开挖开挖至Z4K32+989,距贯通(进口端突泥桩号Z4K32+793还剩196m。突泥体夹杂巨石及软塑性黄泥,填充隧道近百米(图3-1-14),突泥近1.5万m^3,突泥体将二次衬砌台车整体推移近30m,造成严重的地质灾害事件,前后停工观测近一年,既大大影响了工期,也造成较大的经济损失。

图3-1-14　溶洞突泥现场照片

二、原设计情况

左洞Z4K32+825~Z4K32+790段(长度35m)原设计为Ⅲ级围岩,衬砌类型为S3,设计无超前支护,二次衬砌采用C25混凝土,厚度35cm。所处地质主要为中风化灰岩,岩质坚硬,岩体较完整,局部裂隙发育,岩体破碎,岩溶发育区按Ⅲ2级判断,掘进时候可能遇到悬挂性廊道式或厅堂式大溶洞,围岩自稳能力差,地下水呈潮湿或点滴状为主,局部裂隙发育呈淋雨状出水,掘进至廊道式或厅堂式大溶洞时可能产生突泥、突水等地质灾害。

三、工程地质情况

(一)水文地质

1. 地表水

隧址区内无大的地表水体,地表水体主要为地下暗河于洼地内出露地表和各沟谷的泉水、地面流水汇合后形成的短暂性溪流。地表溪流具季节性,水流量受大气降雨影响较大。隧道两端洞口处设计高程大于地下河径流的水面高程,地表水对其无不利影响。另外,在隧道出口发现多处溶洞,洞口平时有水流出。

2. 地下水

基岩类含水岩组地下水类型为岩溶水,其富水性随岩溶发育程度及地下岩溶管道的连通性而变化,通常岩溶密集发育带和地下岩溶管道连通性好的富水性较好。

(二)地形地貌

隧道区域属于岩溶峰丛洼地地貌,山峰林立,其间发育溶蚀洼地或河流,山峰与洼地相对高差大,地势较高、地形起伏大,自然坡度35°~70°,部分近直立。山峰多基岩裸露或少量植被覆盖,山间低洼部位分布有第四系冲洪积层或残坡积层。根据地质平面图及地质剖面图,隧道地表发育有一处大的洼地,有一定的汇水面积,根据现场踏勘推测与隧道具有直接水力联系的地表溶蚀洼地汇水面积达 $45000m^2$。同时,根据地质剖面图,出口端掌子面位置处于背斜翼缘带,极有可能发育大型溶洞。

(三)地层岩性

根据区域地质资料、沿线地质调查及物探资料分析,隧址区洞身围岩主要为中风化灰岩,微晶结构,中厚~厚层状构造,岩质坚硬,岩体较完整,局部溶蚀裂隙较发育,隙面铁质、泥质充填,岩体较破碎。

(四)地表调查情况

经现场探勘,在距掌子面地表约262m与677m处发现有两处大的溶洞,如图3-1-15、图3-1-16所示,溶洞口堆积有大量的巨石或石块,洞内空间大小不一,并发育有钟乳石。

地表汇水面积大、溶隙裂隙发育、风化土体物来源丰富。

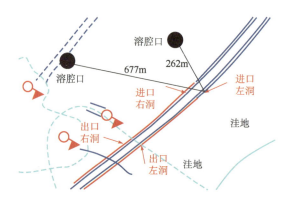

图 3-1-15　地表溶洞平面位置示意图

a)溶腔口巨石堆积

b)溶腔内岩块堆积

c)溶腔内沉积物发育

图 3-1-16　地表处溶洞现场照片

四、处治方案

(一) 专家会审

2017 年 8 月 2 日,针对隧道 Z4K32+793 突石突泥情况,建设单位组织有关专家,设

计单位、监理单位及施工单位相关人员召开了专家评审会,确定处治方案如下:

(1)为尽量减小施工安全风险,隧道由双向掘进改为由大桩号 Z4K32+825 往小桩号的单向掘进。

(2)对 Z4K32+825~Z4K32+817 段扩挖及加强支护,开挖至 Z4K32+817 后再采用泵送混凝土(C20 泵送混凝土回填溶腔)+30mϕ108mm 大管棚注浆预支护施工。

(3)对 Z4K32+817~Z4K32+810 段采用 S5-P 支护,开挖至 Z4K32+810 掌子面时,根据现场实际情况,对局部位置采用 ϕ108mm 大管棚注浆补强;Z4K32+810~Z4K32+790 段(超过溶洞范围 2m)采用 S5-T 加强支护(S5-T 支护:二次衬砌采用 C30 混凝土,厚度 60cm,配筋采用@10cm,ϕ22mm 钢筋加强)。

(4)对 Z4K32+790~Z4K32+796 段左侧拱腰溶洞空腔体采用 ϕ22mm 砂浆锚杆+ϕ22mm 钢筋网片+C25 喷射混凝土进行溶洞处理;溶洞空腔封闭后,对 Z4K32+790~Z4K32+802 段采用注浆小导管对围岩进行注浆加固。

(5)在管棚注浆、泵送混凝土及注浆预支护完毕后,结合现场实际情况,对隧道后段突泥填充段进行二次开挖。

(6)为保证隧道后期排水顺畅,在岩溶发育,岩溶裂隙水丰富的 Z4K32+810~Z4K32+790 段每 2m 设置一道 ϕ160mmHDPE 横向排水管及环向盲管,加强排水。

(二)具体设计参数

(1)对 Z4K32+825~Z4K32+819 段按半径 717cm 断面进行扩挖。

①对 Z4K32+825~Z4K32+819 段按照 A 扩挖段衬砌结构设计,采用 I18 钢拱架支护,拱架间距为 75cm,双层钢筋网片支护,喷射混凝土厚度为 24cm,二次衬砌厚度 135cm,如图 3-1-17 所示。

②在 4K32+819~Z4K32+817 段按照 B 扩挖段衬砌结构设计,先施作洞内管棚套拱,套拱骨架采用 I18 型钢,拱架间距为 50cm,并做好预埋导向管定位安装,导向管定位安装完毕后采用 C25 混凝土套拱浇筑,套拱厚度为 99cm,如图 3-1-18 所示。

(2)管棚施工前,进行钻孔泵送施工,于 Z4K32+817 处纵向施工 ϕ130mm 泵送孔,泵送孔的数量及位置应根据现场情况确定,要求泵送后拱顶混凝土保护层厚度不小于 4m,如图 3-1-19 所示,泵送应逐层泵送。泵送混凝土采用 C15 混凝土,适当添加早强剂。

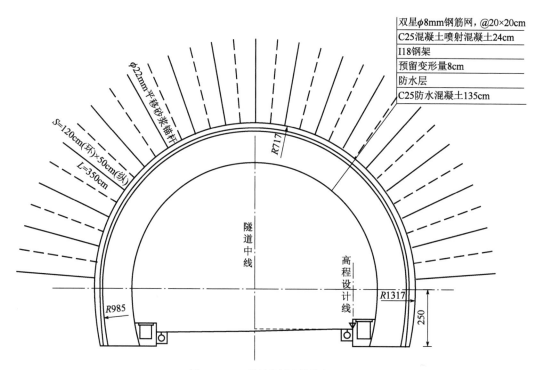

图 3-1-17　A 扩挖段衬砌结构断面图

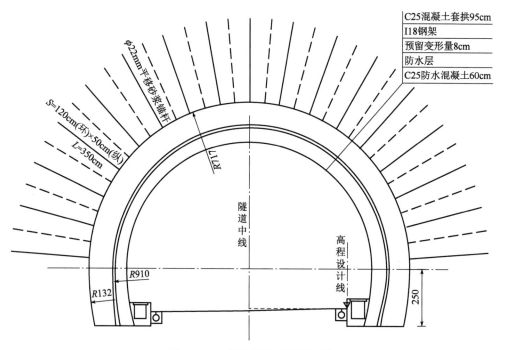

图 3-1-18　B 扩挖段衬砌结构断面图

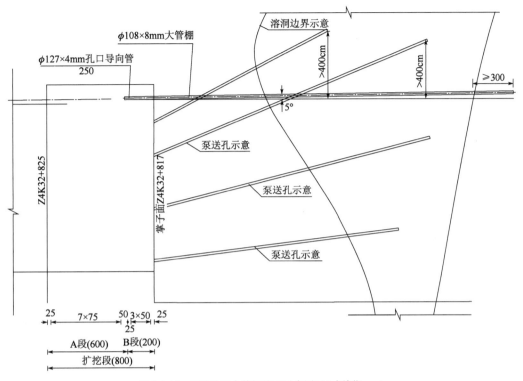

图 3-1-19 泵送孔及大管棚施工示意图(尺寸单位:cm)

①泵送混凝土施工完成后,于 Z4K32+819 处纵向施工 ϕ108mm 大管棚对掌子面前方溶蚀腔体进行预支护加固围岩,确保管棚施工长度超过溶洞范围,进入完整围岩 3m。

②ZK32+817～ZK32+810 段按 S5-P 断面按照台阶法进行开挖支护,支护形式采用 S5-P,如图 3-1-20 所示;ZK32+810 至超过溶洞范围 2m 范围内采用 S5-T 加强支护,如图 3-1-21 所示,溶腔范围内以 ϕ42mm 注浆小导管对径向进行注浆补强,二次衬砌配筋采用加强型配筋。

五、影像资料

设计变更发生前、处治过程中、处治完成后的照片如图 3-1-22～图 3-1-27 所示。

六、处治效果

通过超前管棚支护、小导管径向注浆、加强衬砌结构、三台阶法开挖等技术,Z4K32+793 岩溶段处理方法总体成功有效,没有出现大的隐患。

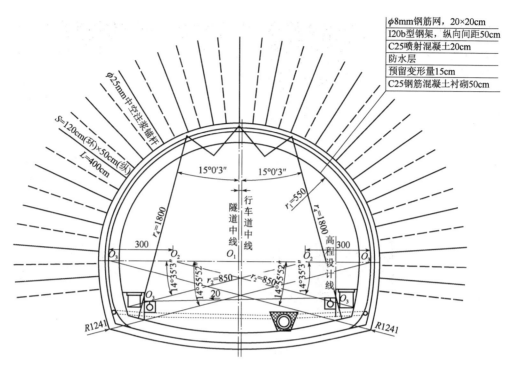

图 3-1-20　S5-P 衬砌结构断面图

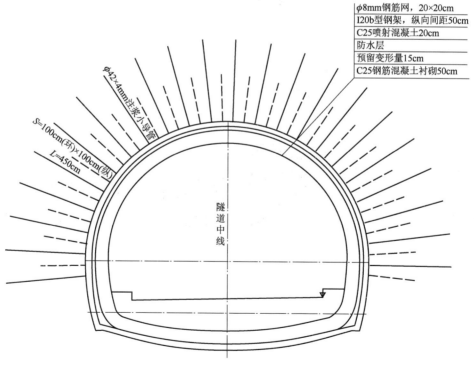

图 3-1-21　S5-T 加强衬砌结构断面图

图 3-1-22　左洞突泥体照片

图 3-1-23　突泥体水流及鹅卵石照片

图 3-1-24　Z4K32+825 管棚钻孔施工现场照片

图 3-1-25　泵送混凝土施工现场照片

图 3-1-26　管棚注浆照片

图 3-1-27　路面施工现场照片

2018 年 9 月,隧道 Z4K32+793 岩溶段安装了远程自动长期监测系统,进行运营长期监测,监测主要项目包括二次衬砌表面应变、二次衬砌拱脚倾角位移、二次衬砌及底板钢筋应变、围岩水压。一段时间内,隧道位移、应变量测数据符合要求,没有出现大的突变,隧道拱身变形逐渐趋于稳定,强度满足设计和使用要求。

第三节　隧道涌水处治

一、隧道涌水处治案例一

(一) 案例背景

某隧道为分离式隧道,左线 Z3K7+370～Z3K10+224,全长 2818.718m;右线 K7+495～K10+255,全长 2753.228m,均属长隧道。

隧道采用两端掘进,2017 年 4 月 20 日,隧道区域内普降暴雨,开挖至 Z3K8+510 时左侧拱脚开始涌水。至 2017 年 7 月 22 日,受地区连断断续续降雨的影响,隧道进口端左洞相继发生 5 次较大涌水,最大涌水量达 57445m³/d,并带有大量泥沙(图 3-1-28),最严重时涌水漫至左线进口端洞外,造成左、右线进口端部分隧道段落涌水淹至拱顶,涌水期间不得不停止作业。涌水发生后,建设单位立即组织参建各方启动应急抢险预案,借调大型水泵进行抽排水,主要通过进口端机械抽水、出口端右洞钻孔泄水的方法进行处理,但由于洞内涌水水量大,且隧道进口端为逆向排水,涌水直到 2017 年 9 月 15 日才基本排完,极大地影响了隧道施工。

图 3-1-28　涌水现场照片

后经水文地质调查,隧道左线 Z3K8+498～Z3K8+538 段位于岩溶强发育区段,在隧道 Z3K8+683.7 地表处左侧 266m 发现一个约 570m² 消水洞(图 3-1-29),受季节性降雨影响较大,且周边多条冲沟流水汇聚于消水洞,常年积水不干。该消水洞高程为437.2m,与隧道左线涌水点处路面高差54.89m。经过调查,该消水洞与隧道相通,并经施工单位沿着出水管道扩挖揭露,发现Z3K8+518左侧有溶槽及Z3K8+524右侧有大型溶洞。

图3-1-29 隧道地表消水洞照片

(二)原设计情况

所处地质以中风化灰岩、燧石灰岩为主,夹薄层白云岩,岩质较坚硬,岩体较破碎。根据V8物探推测,该路段岩溶强发育,其形态多以溶洞、溶槽为主,内填充碎石、块石混凝土等,呈碎裂状结构,围岩稳定性差。

整段围岩定性为Ⅳ级围岩,其中左线Z3K8+498~Z3K8+525段(长27m)衬砌类型为SP级,Z3K8+525~Z3K8+538段(长13m)衬砌类型为S4-B级。

(三)工程地质情况

1. 水文地质

隧道区涌水段处于金洞地下河水文地质单元中,地下河发育于长洞屯东北的峰丛山区,沿长洞洼地北侧向西方向径流,最终汇入刁江河。单元北面构造发育,构造控制着该区地下岩溶发育走向、规模等,如果人为改变了地下水排泄条件,其水文地质单元的边界亦会随之产生变化。单元南面为三叠系碎屑岩分布区,为水文地质单元中的阻水边界和岩溶地下水的补给区。

2. 地形地貌

隧道区北部地处峰丛洼地地区,峰顶和洼底高程390~490m。峰丛石山基岩裸露,裂隙发育,有利于降雨入渗补给;洼地四周坡面较陡,降雨时雨水迅速汇集至洼地中,通过落水洞、岩溶裂隙等集中灌入或渗入补给地下,具有补给集中、补给量大的特点,消水能力大时容易充满地下蓄水空间,为地下工程建设发生突水、突泥创造条件。隧道区南部切割深度大于200m,水文地质单元内坡面均向长洼地倾斜,坡面流、碎屑岩含水层的渗流等水量均汇集到长洞洼地中,成为金洞地下河重要的补给来源。

3. 地层岩性

隧道左线 K7+370~Z3K9+300 段洞身处于碳酸盐岩区,属可溶岩。在地下水对可溶岩进行化学溶解,将各类裂隙扩大形成溶隙、管道,再经流水不断冲蚀作用下扩展,形成洞穴,进而不断发育形成贯通的洞穴通道系统,当地下工程开挖切割该通道系统,容易产生大水量涌水、突泥事故。

4. 构造条件

该隧道附近发育的有 F2 断层,造成隧道围岩形成破碎带或节理密集发育带,降低了岩石力学强度,在隧道开挖揭穿了该破碎带或节理密集发育带时,富集于各类储水空间的地下水便于涌出,形成隧道涌水灾害。

(四)处治方案

1. 专家会审

针对该隧道涌水点扩挖后出现溶腔的情况,建设单位组织有关专家、设计单位、监理单位及施工单位相关人员再次现场查勘隧道水文地质情况,分别于 2017 年 11 月 30 日、12 月 13 日、12 月 16 日及 12 月 21 日召开了隧道涌水处治方案专家会议,确定处治方案如下:

(1)对隧道左、右线涌水点沿岩层走向或岩溶管道进行扩挖开挖,过程中根据现场实际情况及时修正开挖方向,扩挖完成后,采用高强度等级防水混凝土堵塞,混凝土中掺入适量膨胀剂,并在每批回填混凝土埋设注浆小导管进行补注浆,保证扩孔横洞回填混凝土密实无空洞。

(2)在涌水点扩孔施工过程中,遇到围岩稳定性差时,可采用钢拱架挂网锚喷支护,保证施工安全。

(3)暂定在隧道左线涌水点前、后20m范围内改变原有支护参数,对已完成二次衬砌施工段落进行拆除、再施工作业,扩大断面尺寸,加大隧道仰拱曲率及支护参数等级,保证隧道结构安全,具体参数以设计图纸为准。

(4)优化隧道防排水措施,在抗水压衬砌梁端断面的基础上,在扩大断面,减少水串流到隧道其他段落,抗水压衬砌段防水采用加密环向盲管(外包土工布)及全包混凝土防水层方式,保证抗水压段的防水效果。

(5)对抗水压衬砌段及涌水浸泡段采用全环小导管注浆补强及止水,施工时设置试验段和检测孔,确定注浆参数和检测注浆效果,钢管打入方向应垂直岩层,使浆液充分流入裂隙中,保证注浆补强止水效果。

(6)在抗水压衬砌段初期支护及二次衬砌间预埋不锈钢管,设置水压监测报警系统,监测二次衬砌及初期支护之间的水压,抗水压衬砌内预埋内力监测原件、埋设位移监测点,掌握隧道结构稳定情况。

(7)隧道抗水压衬砌段内设置监控视频及紧急报警系统,取消其他机电监控设备。

(8)抗水压衬砌段仰拱施工缝与拱墙部二次衬砌施工缝应错开,相邻两模二次衬砌及二次衬砌与仰拱之间设置橡胶钢边止水带,增强防水效果。

(9)堵水洞扩孔及防水压衬砌段施工过程中,加强隧道地质预报及监控量测工作,采用物探与钻探相结合的方式,为涌水处治方案提供信息依据,并确保施工安全。

(10)对于隧道左线左侧溶洞,继续扩挖至水平垂直向外及向下长度不小于设计长度,并将溶洞内的泥沙清理干净,在溶洞水潭处铺设不锈钢钢板,采用泵送混凝土方式进行回填处理,减少水渗透对隧道结构产生影响。

2.具体设计参数

(1)拆除金洞长隧道左线 Z3K8+498~Z3K8+538 段(长度40m)已支护施工部分,按抗水压衬砌支护形式施工。

(2)将左线左、右侧溶洞的泥土清除并采用 C40 防水混凝土回填密实,如图3-1-30所示。

(3)对抗水压衬砌段及涌水浸泡段采用全环小导管注浆补强及止水,单根小导管长10m,如图3-1-31 所示。

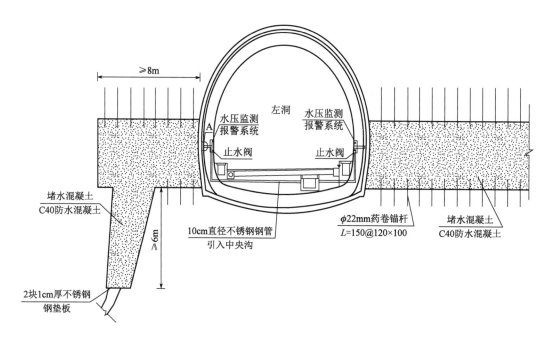

图 3-1-30　堵水方案立面示意图

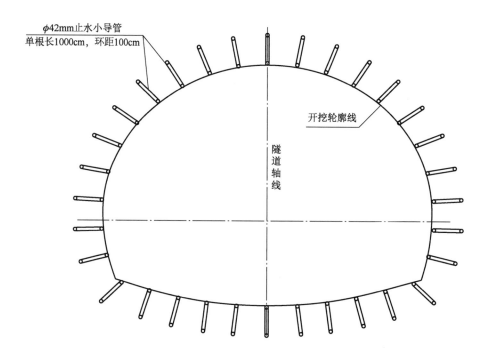

图 3-1-31　止水注浆孔断面布置示意图

(4)隧道左线 Z3K8+498~Z3K8+538 段前、后端头段 3m 为抗水压衬砌端头段,二次衬砌厚度为 1.4m,其余为抗水压衬砌一般段,二次衬砌厚度为 70cm,如图 3-1-32~图 3-1-34 所示。

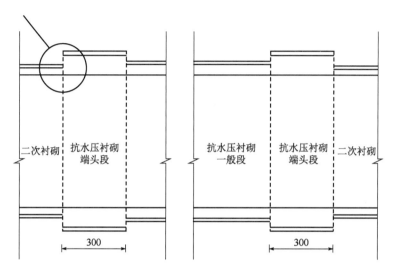

图 3-1-32　抗水压衬砌布置图(尺寸单位:cm)

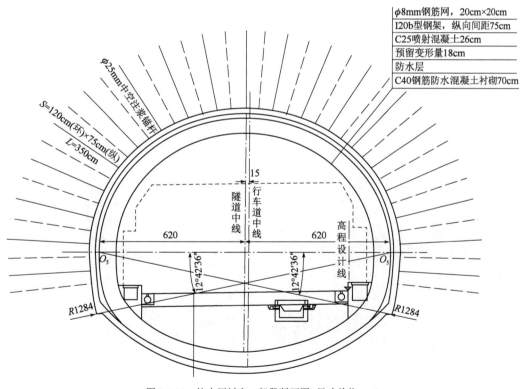

图 3-1-33　抗水压衬砌一般段断面图(尺寸单位:cm)

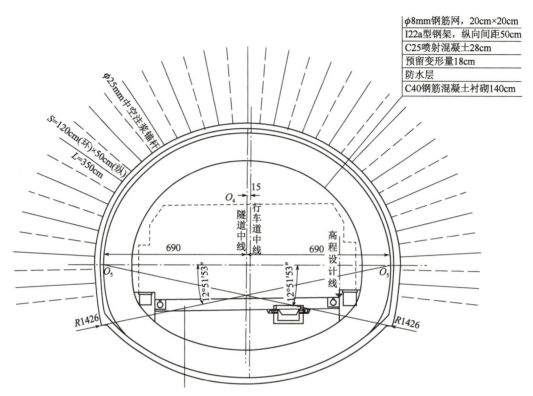

图 3-1-34 抗水压衬砌端头段断面图（尺寸单位：cm）

（五）影像资料

设计变更发生前、处治过程中、处治完后的照片如图 3-1-35～图 3-1-42 所示。

图 3-1-35 左侧出水点（未开挖前）照片

图 3-1-36 扩孔后涌水点照片

图 3-1-37　溶洞回填混凝土照片

图 3-1-38　出水点回填混凝土照片

图 3-1-39　初期支护换拱照片

图 3-1-40　仰拱钢筋安装照片

图 3-1-41　处理完后照片(一)

图 3-1-42　处理完后照片(二)

(六)处治效果

经过约 2 个月的处治,涌水段基本处理完毕。一段时间内,隧道沉降和收敛量测数据符合要求,没有出现大的突变,也没有出现大的突泥涌水,处理效果总体安全、高效和可靠。后期雨季有局部渗漏水,但水压小、渗漏量少,采用"排堵结合"的方式后完善了防排水措施,渗水情况得以处理完毕,监测数据也符合技术要求。

二、隧道涌水处治案例二

(一)案例背景

广西高速公路某特长隧道,隧道起讫里程桩号左幅:ZK84+507~ZK87+779,长3272m;右幅:K84+498~K87+831,长3333m,隧道最大埋深约358m,洞轴线进口走向方位角约238°,洞身段走向方位角约243°,出口走向方位角约229°;根据沿线地貌分区,隧址区属构造溶蚀峰丛洼地、谷地地貌区,隧道通过地段地面高程在266.96~545.65m之间,相对高差约278.69m。单幅隧道净空:11.0m×5.0m,左、右幅进、出口洞门均采用削竹式。

2019年12月22日,ZK87+315处仰拱浇筑过程中,仰拱底部出现溶洞,溶洞尺寸纵向长9m,横向宽2.5m,深度10m,采用片石混凝土封堵处理。

2020年5月24日强降雨后,ZK87+329~ZK87+275段预留横向排水管满排出水,仰拱施工缝、二次衬砌施工缝渗水,出水量预估每小时超过1000m³,出水一直持续到2020年6月4日未排空。2020年6月4日晚暴雨后,ZK87+306~ZK87+318段仰拱隆起,二次衬砌边墙局部开裂,大量水流从仰拱处涌出,9:00左右出水量达到峰值,出水高峰时洞内水深1.0m,流速为2m/s,出水量为24m³/s,洞外值班室、钢筋场均受水浸泡,下午测算水深0.5m,流速为2m/s,出水量为12m³/s。现场情况如图3-1-43、图3-1-44所示。

图3-1-43 涌水现场照片　　　　　　图3-1-44 洞内破坏情况照片

采用现场踏勘和询问当地村民相结合,寻找水源源头,最终基本可以确定当地村附近竹子林位置是该溶洞源头,如图3-1-45所示。该村周圈高,整个村庄汇水于该处竹子林,存在多处溶洞,是该村泄水通道,2020年6月4日暴雨时积水深度大于3m,泄水时间为10d左右,与洞内泄水时间相符,且该处高程为324m,洞内路面高程为271m,高差53m。

a)竹子林总体照片　　　　　　　　　　b)竹子林细节照片

图 3-1-45　乐岗村竹子林照片图

(二) 原设计情况

隧道出口端左洞 ZK86+800~ZK87+520 段,围岩等级为Ⅲ级,围岩以中风化灰岩为主,BQ[BQ]值为418[378],中风化灰岩呈微晶质结构,中厚层状构造,岩体较完整,属较硬岩,侧壁自稳性较好,但拱部无支护时可产生小塌方或掉块,地下水出水状态一般为点滴状,考虑到在可溶性碳酸盐中,岩溶较发育,深部岩体存在岩溶管道,遇岩溶裂隙水或岩溶水,则地下水出水状态为淋雨状或涌流状。

原设计按Ⅲb型衬砌进行支护,主要衬砌形式为超前支护采用φ22mm超前锚杆,初期支护采用φ6mm钢筋网、C25喷射混凝土厚10cm,二次衬砌为厚35cm的C30防水混凝土。最后 ZK87+329~ZK87+305 段衬砌类型由原设计Ⅲb变更为Ⅳa,ZK87+305~ZK87+275 段衬砌类型由原设计Ⅲa、Ⅲb变更为Ⅴa的支护形式。

(三) 工程地质情况

1. 水文地质

隧址区地处属亚热带潮湿气候区,气候温和,日照充足,雨量充沛,一年四季分明,夏长而多雨,多年平均气温 19.5℃。年平均降雨天数 150~204d,多年平均降雨量1807.2mm,降雨集中在4—9月。雨季时间长,对施工均有一定的影响。

受自然气候、地形地貌、地理条件和地质构造的影响,地表水发育,分布有大量山区溪流型沟谷。小溪流多呈树枝状发育,多为"V"形沟,由于地形较陡,溪水流量受雨水控制明显,暴涨暴落;雨季水量大,水位高,遇强降雨常伴生洪水,枯水季节水量一般较小,旱季溪流水近于干涸。境内地表径流流量随季节变化显著,年际间丰、平、枯交替明显。

隧址区内地下水类型根据其形成自然条件、运移特征、赋存空间特征,并结合工程地质岩组,主要出露有松散岩类孔隙水、碎屑岩裂隙水及岩溶裂隙水、岩溶溶隙～洞穴水三大类。地下水的富水性主要受岩组、构造、地形地貌、降水量的大小、裂隙发育程度及岩溶发育程度等因素控制,此外,植被覆盖的疏密程度,对基岩裂隙水的富水性也有重大影响。

2. 地形地貌

隧址区属构造溶蚀峰丛洼地、谷地地貌区。隧道通过地段地面高程在266.96～545.65m之间,相对高差约278.69m,地势起伏相对较大,山体坡度较陡,植被局部茂盛,洞身段部分现今只有机耕道与外界相通,少有人通行。隧道进出口处于一稍陡斜坡上,坡度约21°,坡向约58°,自然山坡现处于稳定状态;出口处于一稍缓斜坡上,坡度约18°,坡向约229°,自然山坡现处于稳定状态。

3. 地层岩性

隧道区的不良地质现象主要为岩溶:隧道大部分区域属可溶性碳酸盐岩区,溶蚀现象较发育。根据地质调查资料可知,隧道洞身段发育有落水洞、进水溶洞、出水溶洞,隧道出口处发现有人工开挖后储蓄岩溶裂隙水的水文点,应加强监测工作,做好超前地质预报。

(四) 处治方案

1. 第一次处治过程

(1)2019年12月20日,在ZK87+310～ZK87+325段落拱底发现一处溶洞,现场根据溶洞情况判断为落水溶洞,设计采取回填方案进行处理,该段落设计参数按Ⅴb型衬砌施作。隧底溶洞处治方案如图3-1-46所示。

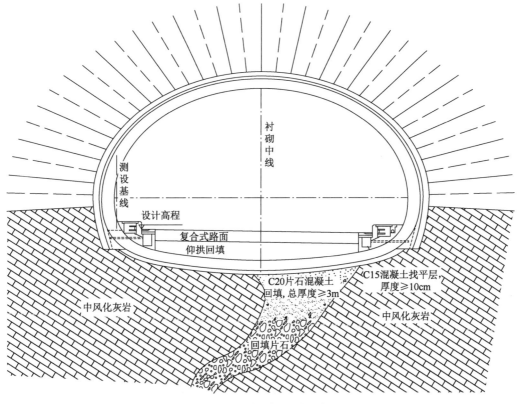

图 3-1-46　隧底溶洞处治方案

(2) 2020 年 4 月进入雨季,由于本次封堵,溶洞水压力均作用于二次衬砌周圈,造成该段二次衬砌多处渗水;采取钻孔排水减压,防止水压破坏衬砌。2020 年 6 月 3 日暴雨,造成水压急剧增大,造成仰拱及局部二次衬砌破坏。故发现溶洞需加强研判,杜绝盲目封堵,根据研判结果采取更合理的处治方式。

2. 第二次处治过程

(1) 建设单位组织设计单位、总包部、总监办、项目部以及地质水文专家对现场地质水文进行详细调查,通过本次调查与连通试验结果,基本查明了隧道的岩溶水文地质条件、细化岩溶地下水系统,证实了隧道的岩溶水属于该村地下河系统,处于该村地下河北支流上游段,地下河在 K87+306~K87+318 段穿过隧道,沿左线平行展布出隧道口。隧道突水来源为该村高位洼地积水入渗补给与冲沟高水头灌入式进入岩溶管道补给地下水,暴雨时期地下水补给迅速,地下河流量剧增,水位快速抬升与顶托作用,引发隧道底板突破、突水。

(2)根据调查结果,隧道突水主要来源于隧道高位洼地,地表径流补给。根据岩溶地区地下水宜排不宜堵的原则,截流外导相结合,结合隧道地形和水文地质特征,采用泄水洞方案。结合现场地形地貌及洞内溶洞位置,泄水洞初步拟定长度为546m,纵坡采用 -0.5% ,出口高程约为261.86m;洞口接路基改沟引排。泄水洞断面建筑限界净宽3.2m,净高3.5m;衬砌内轮廓设计为单心圆直边墙结构,上半圆半径为160cm。考虑施工便利性,泄水洞内每隔70m设置一处错车带,用于洞内施工车辆会车使用,提高施工效率。根据计算,该泄水洞排水能力为4072983.609m^3/d,能满足最大和极端情况下的排水需求。

(3)专家评审。建设单位组织各参建方及行业专家召开该隧道泄水洞(K0+019~K0+565)处治方案专家论证会。与会人员听取了施工单位的方案汇报,经质询、讨论,形成如下意见:

专项施工方案内容较全面,安全和技术措施符合相关规范要求和现场实际情况,资源配置和工期计划合理,经修改完善后可用于指导施工。

建议:

①施工过程中,加强超前地质预报、监控量测措施;

②宜从出口端单向掘进,并优化明洞段的断面形式;

③优化错车道数量;

④完善风险源辨识及防控措施,并做好相应的应急处置方案;

⑤请设计单位结合现场水文地质、二次衬砌状况,以及施工安全等因素,复核主洞二次衬砌更换的必要性。

(4)泄水洞施工过程中严格遵循专家评审建议,加强超前地质预报、监控量测;主洞二次衬砌通过检测,保留完好位置,对损坏位置进行局部更换;考虑雨季影响问题,采用双向掘进,确保雨季前泄水洞贯通。

(5)变更方案:隧道地质复杂,开挖揭露围岩与原设计不符,原设计衬砌支护不能确保隧道安全,须对ZK87+306段进行变更设计。结合专家组意见,对隧道左洞出口ZK87+306处仰拱涌水段采用泄水洞+洞外改沟排水的处治方案。结合现场地形地貌及洞内溶洞位置,泄水洞长度约为546m,纵坡采用 -0.5% ,出口高程约为261.86m。泄水洞断面建筑限界净宽3.2m,净高3.5m,泄水洞设计如图3-1-47、图3-1-48所示;衬砌内轮廓设计为单心圆直边墙结构,上半圆半径为160cm。对涌水段破坏的衬砌进行拆除,涌水段衬砌结构重新采用 S-Ⅴa 型衬砌。洞外改沟起点接泄水洞出口,终点接现状土沟,改沟全长 1.58km,采用浆砌片石结构。

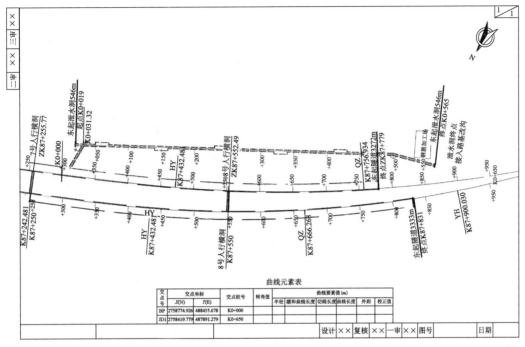

图 3-1-47 泄水洞平面图

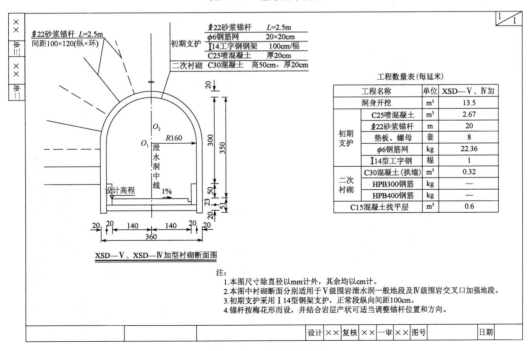

图 3-1-48 泄水洞断面图

(五)影像资料

泄水洞施工过程中的现场照片如图3-1-49～图3-1-53所示。

图3-1-49 进入泄水洞照片

图3-1-50 隧底溶洞处架设施工平台照片

图3-1-51 主洞与泄水洞交叉位置加强施工现场照片

图3-1-52 泄水洞开挖照片

图 3-1-53　泄水洞贯通后照片

(六) 处治效果

经过约 4 个月双向掘进,泄水洞施工完毕。经过 2021 年雨季检验,泄水洞泄水效果较好,雨水能够及时通过泄水洞排出,主洞内干爽无渗水,有效保障了运营期间洞内通行安全。

第二章

CHAPTER 02

塌方处治

第一节 隧道洞口塌方处治

一、隧道洞口塌方处治案例一

(一) 案例背景

2016年5月12日开始连日暴雨,导致某隧道右线出口左侧边坡在5月14日晚侧向滑塌。根据现场勘查及监理、施工单位提供的塌方范围测量结果:右线K63+583~K63+599初期支护全部塌陷,K63+578~K63+583段初期支护由于受塌方影响已侵限受损。

(二) 原设计情况

该隧道起讫里程桩号为K62+485~K63+610(ZK62+392~ZK63+645),净高5.00m,净宽10.75m,全长1125m(1253m),为长隧道。隧道设计纵坡为1.4%~2.30%。隧道K63+578~K63+631原设计为V级围岩,按通用图S5-A进行支护,埋深10~30m,处于洞口位置属浅埋段落。

(三) 工程地质情况

隧道位于构造侵蚀~剥蚀丘陵地貌单元,K63+578~K63+599段所穿越山体有断层破碎带,上部为白垩系泥盆系下统新隆组(K1x)强风化含砾砂岩,下部为泥盆系中统郁江组(Dy)强风化石灰岩。BQ≤250,受构造影响节理裂隙发育,岩体破碎,呈碎块状,完整性差,自稳能力差,完整系数$K_v=0.15$,施工期间易产生中型塌方,雨季可能产生淋雨状或涌流状出水。洞口段位置山势陡峭,左侧存在明显偏压,且边坡和仰坡较陡。

(四) 处治方案

经建设单位与设计单位、监理单位、施工单位多次实地勘察研究,并邀请相关专家召开了专题研讨会。遵循安全与经济的塌方处理原则,按照"稳固塌体、谨慎通过"的总体处理步骤。提出了具体处理方案,具体方案如下。

1. 洞口回填

洞口回填高度为超出拱顶5m。洞口右侧冲沟相应整平,保证冲沟内排水顺畅。

2. 洞口塌体注浆

洞口回填完成后,在K63+579~K63+599段洞顶竖向打设$\phi50\times4mm$注浆小导管,注浆小导管范围为沿隧道方向K63+579~K63+599(长度20m),横向沿隧道中线向两侧各延伸10m(宽度20m),小导管长度5~15m(拱顶处5m,两侧处15m),平均长度11m,以$1.0m\times1.0m$呈梅花形布置,注浆量按照固结体的25%计算。

3. 塌方体右侧冲沟回填

由于冲沟位置紧靠隧道,塌方体处理时需回填冲沟,回填高度K63+583处高出隧道拱顶4m,K63+563处高出拱顶5m,初步估算方量为6500m^3。

4. 塌方体固结

塌方体进出口各布置一道止浆墙,止浆墙采用20cm厚C25喷射混凝土封闭,同时使用6m、12m长$\phi50\times4mm$注浆小导管固结塌方体,每种长度小导管7根,共14根,注浆量按塌方体的20%。

5. 超前管棚

注浆加固完成后,从K63+601施作套拱和$\phi108\times4mm$超前管棚加固,管棚长度为22m,环向间距40cm,共40根,管棚外插角1°~2°。

6. 侵限段换拱

K63+578~K63+583段先用纵向间距50cm@Ⅰ18工字钢加固,拱腰及拱脚处分别设置6m长$\phi50\times4mm$小导管加固,每榀8根,再用长4.5m@$\phi42\times4mm$小导管径向注浆,环向间距100cm,纵向间距50cm;待加固完成后,对K63+578~K63+583段进行换拱,换拱支护参数按照S5-P-b(取消超前双层小导管),每次按照一榀拱架施工。

7. 塌体开挖

塌体开挖段落为K63+583~K63+599,塌体开挖采用三台阶弧形导坑开挖法,每循环进尺控制在50cm。其支护参数采用S5-P-b并作以下调整。具体调整如下：①取消超前双层小导管；②预留变形量调整为30cm。

8. 加长明洞

为保证洞口仰坡放坡，明洞加长4m，桩号由K63+610变更为K63+614。

9. 监控量测

为了判断围岩在处理后的稳定性，在塌方处理过程中加强监控量测。塌方段处理后及时布设监控量测点，对围岩的变形状态和受力特征进行跟踪监控量测，确保围岩稳定，同时指导施工。

（五）影像资料

隧道塌方处治前、处治中、处治后现场情况如图3-2-1~图3-2-5所示。

图3-2-1 塌方处治前照片

图3-2-2 塌体注浆加固照片

图3-2-3 超前管棚注浆照片

图3-2-4 侵限段换拱照片

图 3-2-5　处治完成后照片

(六) 处治效果

经各方分析塌方原因,结合工程具体情况,采用止浆墙、塌腔固结、超前管棚预支护处理,同时增加监控量测断面,及时掌握围岩的变形状况和受力特征。从隧道收敛位移和拱顶下沉规律结果显示,处理隧道塌方的效果良好。

二、隧道洞口塌方处治案例二

(一) 案例背景

某隧道进口顶部有一条宽约 4m 的县道,进口下穿既有县道,隧道洞顶距县道底面埋深 3~5m,在洞顶县道上设置一座宽 4m、长 60m 钢栈桥,距钢便桥沿隧道线路中线大里程方向约 10m 有一座高约 60m 的大山,与隧道线路方向约呈 90°,山脚约 25m 高山体围岩和山脚地面为泥夹碎石堆积体,土质松散。现场情况如图 3-2-6~图 3-2-9 所示。

图 3-2-6　洞顶县道、钢栈桥、山体照片

图 3-2-7　洞顶县道上设置钢栈桥照片

图 3-2-8　塌方前情况照片　　　　　　　　图 3-2-9　塌方后情况照片

隧道右线进口里程桩号 K29+320，出口里程桩号 K30+378，总长度 1058m，进出口均接路基工程，隧道为一字坡，进口至出口为 0.5% 的下坡，最大埋深约 308m，隧道Ⅲ级围岩 540m，Ⅳ级围岩 340m，Ⅴ级围岩 178m，隧道岩层主要为中风化灰岩。

1. 施工情况

隧道进口右洞采用双侧壁导坑法进洞，左导坑进洞 34.8m，掌子面里程桩号 K29+365.8；右导坑进洞 27.6m，掌子面里程桩号 K29+358.6；初期支护采用Ⅰ22 工字钢，临时支护采用Ⅰ18 工字钢。初期支护厚度 28cm，临时支护厚度 22cm。

2. 坍塌情况

2021 年 5 月 11 日 14：30—15：40，监控量测队伍对隧道进行监测作业，完成数据整理，根据现场数据，沉降观测值达 24mm，超出规范要求，加之考虑掌子面前方地质因素，建议提升管理等级至Ⅰ级。针对此情况，项目部在 16：00 通知停止掌子面施工，并安排隧道作业人员及施工机械撤离现场，同时安排人员洞外进行观测，因受隧道围岩自稳力不足，在进洞 K29+350 处发生围岩土体坍落。坍落后封闭此洞口，并通知监理单位、设计单位、建设单位等现场查勘，制定处理方案。

3. 坍塌原因分析

（1）地质原因：实际开挖情况与设计地勘报告、超前地质预报相符，地质均为粉质黏土（硬塑），属于地质较差。

（2）降雨影响：2021 年 5 月 7—10 日每晚连续降雨，地层含水率增加，产生向内压力，对隧道支护压力增大。

(3)原地表为泥夹碎石堆积体,土质松散,洞身开挖、爆破对堆积体存在扰动。

(二)工程地质情况

隧道区地层主要为第四系溶蚀残余堆积层(Q^{cl})及石炭系上统($C3$)和中统($C2$)灰岩。隧道洞身围岩主要为中风化灰岩,中厚层状构造,岩石较坚硬,裂隙较发育~不发育,大部分岩体较破碎~较完整。岩层走向与隧道走向呈小角度相交,对隧道开挖不利,右侧边墙及拱顶易沿层面、溶蚀面产生掉块、塌方。

洞身段围岩以Ⅲ、Ⅳ级为主。隧道开挖时拱顶及两侧临空面与主要节理面可能形成楔形松动岩块,拱部无支护时可能发生掉块或小塌方,岩体破碎地段及溶洞发育处可能产生坍塌或突泥等不良现象。

隧道区岩溶强发育,局部发育溶洞,岩溶形态以溶蚀裂隙、溶槽及溶洞为主。地表溶蚀、溶槽发育,沟槽多被黏性土充填;隧道围岩岩溶较发育,主要岩溶形态为溶洞,规模较小,对围岩稳定性有一定的不利影响。

隧道区共发育有2条断层。其中一条属逆断层倾向西,位于隧道右侧110~200m,斜交于线路轴线K30+612;另一条断层性质不明,位于隧道右侧与线路轴线呈40°斜交于K29+260。这两条断层第四系以来未有活动迹象,处于相对稳定阶段,不属于活动性断裂,但其对隧道围岩的稳定性有一定影响。

(三)原设计情况

原设计技术参数见表3-2-1~表3-2-5。

明洞衬砌主要技术参数 表3-2-1

明洞参数	SM-A 衬砌类型技术参数
里程	K29+320~K29+331
明洞仰拱	厚度75cm,HRB400级带肋钢筋(C25、C12),HPB300级光圆钢筋(A18),仰拱采用C40混凝土,仰拱填充采用C15混凝土
明洞二次衬砌	厚度70cm,HRB400级带肋钢筋(C25、C16),HPB300级光圆钢筋(A18),二次衬砌采用C40混凝土
明洞防水层	土工布+防水板+2cm厚M20水泥砂浆
明洞端墙	厚度160cm,HRB400级带肋钢筋(C22、C12),HPB300级光圆钢筋(A18),端墙采用C30混凝土
明洞回填	采用C15混凝土两侧对称同步回填至洞顶高程,在回填混凝土达到设计强度后洞顶采用碎石土回填

暗洞第一板衬砌主要技术参数　　　　　　　　表 3-2-2

暗洞参数	XS5-A 衬砌类型技术参数
里程	K29+331～K29+340
仰拱	厚度 65cm，HRB400 级带肋钢筋（C25、C16、C12），HPB300 级光圆钢筋（A18），仰拱采用 C35P8 混凝土，仰拱填充采用 C15 混凝土
二次衬砌	厚度 65cm，HRB400 级带肋钢筋（C25、C16、C12），HPB300 级光圆钢筋（A18），二次衬砌采用 C35P8 混凝土

暗洞开挖主要技术参数　　　　　　　　表 3-2-3

暗洞参数	XS5-P 衬砌类型技术参数
里程	K29+346～K29+365.8
工法	CRD（交叉中隔墙）法

暗洞超前支护主要技术参数　　　　　　　　表 3-2-4

暗洞参数	XS5-P 衬砌类型技术参数
里程	K29+346～K29+365.8
超前支护	采用 $\Phi 89 \times 6mm$ 超前中管棚，单根长 9m，环向间距 40cm，每 6m 一环，每环 51 根

暗洞初期支护主要技术参数　　　　　　　　表 3-2-5

暗洞衬砌	XS5-P 衬砌类型技术参数
里程	K29+346～K29+365.8
钢架	I22b 工字钢钢架，间距 0.5m
锚杆	采用 $\Phi 25mm$ 中空注浆锚杆，间距 1.2m×0.5m（环向×纵向）
钢筋网	采用 $\Phi 8mm$@20×20cm 双层钢筋网片，网片搭接≥30d
喷射混凝土	采用 C25 喷射混凝土，厚度 28cm

（四）处治方案

1. 塌方段初步处理流程

（1）隧道顶堆积体表面采用喷射混凝土封闭，厚度 10cm，最大限度防止地表水渗透进入土层，增大土层含水率，如裂缝较大处可回填土夯实后封闭。

（2）隧道顶面堆积体范围内纵向每 2m 间距设置一个监测断面，对塌方段后期地表沉降发展情况进行监测，为下一步处理提供支撑材料。

（3）隧道右侧导洞掌子面未封闭的部位采用喷射混凝土进行封闭，厚度 10cm，防止再次塌方。

（4）在隧道两侧导洞的中部设置 30cm×30cm 浆砌片石临时排水沟，及时排除隧道内的积水，防止隧道内土体受积水浸泡软化，影响隧道结构安全。

2. 塌方段进一步处理流程

（1）对隧洞顶部的堆积体进行卸载，卸载后进行封闭。

（2）施作明洞衬砌。

（3）K29+331~K29+350 未塌方段拱腰和拱脚重新打设 φ50mm 锁脚锚管，并注浆。

（4）施作一板暗洞仰拱二次衬砌，长度 6m，根据现场具体情况可灵活调整。

（5）左上导坑 K29+346~K29+365.8 和右上导坑 K29+346~K29+358.6 塌方段衬砌类型由 XS5-A 型调整为 XS5-P 型，钢架间距调整为 50cm，开挖工法由双侧壁导坑法调整为 CRD 法，加强锁脚锚管、增设临时仰拱增强初期支护。

（6）塌方处理期间做好洞内监控量测和地表沉降观测。

（五）影像资料

隧道洞口塌方处理前、处理中的现场照片如图 3-2-10、图 3-2-11 所示。

图 3-2-10　塌方处理前照片

图 3-2-11　塌方处理中照片

(六) 处治效果

目前隧道进口洞顶堆积体卸载，山体边坡喷锚防护已完成，明洞仰拱和暗洞第一板仰拱施作完成，掌子面中上导坑已开挖至 K29+346，已完成 K29+331～K29+346 段初期支护，形成上台阶，塌方段上台阶中管棚已施作完成。因掌子面为松散的黄色塑状图，且洞顶上方喷锚防护好的山体出现裂纹，现正加强洞内和地表监控量测，准备施作超前水平钻，待探明前方掌子面围岩情况后再做进一步处治。

第二节 隧道富水破碎带塌方处治

一、案例背景

某隧道左洞起讫里程桩号为 ZK38+820～ZK44+440，设计长度 5620m，属于特长隧道，最大埋深约 740.3m。地层岩性主要为寒武系、泥盆系泥质砂岩、石英砂岩。

2021 年 12 月 22 日，该隧道出口段左洞施工至 ZK43+315（距洞口 1125m）、右洞施工至 K43+275 时（距洞口 1140m），拱顶岩层突变为极破碎，基岩裂隙水成股状流出，碎石块夹杂泥土及水流不断掉落形成塌腔，塌腔环形约 5m，纵向约 4m，高度约 13m，致使超前锚杆掉落，靠近掌子面的拱架严重变形。隧道塌方段平纵图及现场情况如图 3-2-12、图 3-2-13 所示。

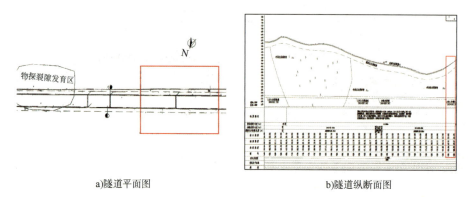

a) 隧道平面图　　　　　　b) 隧道纵断面图

图 3-2-12　隧道 K43+200～K43+300 段平纵图

图 3-2-13 隧道破碎带塌方现场照片

根据现场踏勘专家判断,塌方处存在断层,表现为构造破碎带,呈土夹碎石状,局部为构造角砾状,岩质较软,断层带内水量丰富,涌水中含泥量高,可能存在突泥涌水风险,现场施工风险较高。

二、原设计情况

该段围岩主要为中风化石英砂岩,根据物探结果,局部区域发育有节理裂隙,完整程度为较破碎较完整,岩质坚硬,围岩等级为Ⅳ1级,按通用图S4-C进行支护。地下水为基岩裂隙水,赋存于中风化基岩裂隙中,局部水量相对较丰富,可能有淋雨状出水。稳定性较好,局部区域可能产生掉块。

三、工程地质情况

(一) 水文地质

境内河流属珠江流域西江水系,主要河流为黔江及其支流等。黔江位于西江干流河段。黔江河段,起于广西壮族自治区象州县石龙镇三江口与柳江汇合处,至桂平县郁江河口结束,上游为红水河段,下游为浔江段,共长122km,河道平均坡降为0.0625‰,区间集水面积(不包括柳江)为2561km^2,有流域面积大于100km^{2}以上的一级支流6条(不包括柳江)。黔江段流经武宣县、桂平市2个县(市)。黔江段河道狭窄弯曲,滩险较多。据西江干流武宣水文站统计,多年平均径流量为1349.1亿m^3。年径流量的变差系数为0.21,实测最大年径流量为1910亿m^3(1968年)。

隧道出口北侧为碧龙湾溪流，夏天附近居民在此游泳避暑，是天然的游泳场（碧龙湾）和良好的消暑胜地，勘察期间流量约20m³/h，平水期水位144m，推测历史最高洪水位151m，均远低于隧道出洞口高程（197.420m）。

（二）地形地貌

该隧道处于中低山丘陵区，地形坡度为15°~30°，局部地势陡峭。山体完整性较好，植被发育。地面最高点高程约为1009.2m。进出洞口位于缓坡坡脚，上覆第四系残坡积含碎石粉质黏土、含黏性土碎石等，厚2.0~4.2m。

（三）地层岩性

前第四纪地层主要为寒武系水口群（∈sh）砂岩及泥盆系莲花山组（D_1l）石英砂岩。K41+150~出洞口段基岩为莲花山组（D_1l）石英砂岩，呈紫灰色，砂质结构，中厚层状构造，夹薄层泥质砂岩，岩体完整性一般~较好，岩质坚硬，层理产状为270°∠63°。泥盆系与寒武系地层为角度不整合接触。

四、处治方案

隧道左洞ZK43+315、右洞K43+275掌子面富水，围岩破碎，为了确保现场施工安全及工程顺利推进，根据专家意见，研究细化处治方案如下。

（一）总体处理措施

塌方发生后立即进行回填洞渣反压掌子面，确保掌子面稳定，并做好掌子面泄水工作，防止泄水孔堵塞，同步做好超前钻探工作。先施作山顶引排水措施，冲沟中水流引排至下游，防止地表水下渗。待洞内超前泄水地质钻孔完成后，按照先处治右洞、后处治左洞的原则进行处治。

（二）分部处理

1. 洞内反压回填及超前钻探

首先回填洞渣反压左洞ZK43+315、右洞K43+275掌子面保证其稳定，反压长度不小于 10m,机械修整作业平台,预留出 3~5m 作业空间。然后于左洞 ZK43+315、右洞 K43+275 掌子面打超前钻泄水并探明前方水文地质情况,钻孔外插角度为 15°,长度为 30~60m。钻孔布置图如图 3-2-14 所示。

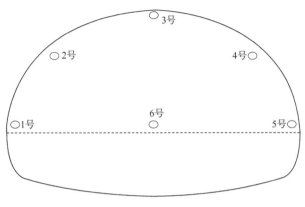

图 3-2-14　钻孔布置图

2. 洞外山顶冲沟处理

对洞顶地表冲沟采取混凝土硬化冲沟或者接管引排等有效截排水措施,防止冲沟内地表水下渗。对洞顶冲沟进行处治:于冲沟上游 100m 平缓处设置拦水坝,拦水坝形成的水池底部采用 20cm 厚 C20 混凝土硬化,对洞身两侧各 100m 范围内铺设彩条布或防水板,并浇筑 C20 钢筋混凝土排水沟引排拦水坝内的水至冲沟下游,防止地表水下渗。排水沟设计如图 3-2-15、图 3-2-16 所示。

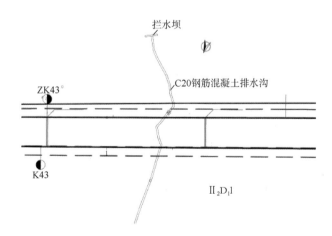

图 3-2-15　洞顶冲沟排水沟平面布置图

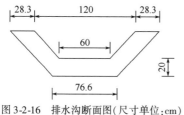

图 3-2-16 排水沟断面图(尺寸单位:cm)

3. 右洞洞内处理

(1)于右洞 K43+275 掌子面拱部范围打设探孔,若掌子面前围岩存在空腔,则先泵送 C30 混凝土填充空腔。

(2)掌子面前 10m 范围初期支护段浇筑 30cm 厚 C25 临时仰拱混凝土,防止初期支护长时间暴露后变形异常导致侵限。

(3)K43+275~K43+255 段加强超前支护,超前支护采用注浆 T76 自进式管棚。拱顶 120°范围打设 T76 自进式管棚,钢管环向间距 20cm,长 9m,纵向间距 6m,外插角为 10°。注浆采用双液浆,胶凝时间调整为 3~5min,水灰比为 1:1~0.8:1,水泥浆与硅酸钠体积比为 1:1~1:0.8,与硅酸纳浓度为 35~40Be',注浆初始压力为 0.5MPa,终止压力为 1MPa,其他注浆参数根据现场试验进一步确定。

(4)开挖工法根据现场条件采用三台阶法 + 临时仰拱。采用三台阶法开挖时,上台阶高度为 2.5~3m,开挖后于上台阶、中台阶地表及时浇筑 30cm 厚 C25 素混凝土临时仰拱,以免隧道变形过大,每循环开挖进尺不超过 1 榀钢架。施工顺序为:①开挖上台阶,施作初期支护,浇筑临时仰拱;②开挖中台阶,施作初期支护,浇筑临时仰拱;③开挖左侧下台阶,施作初期支护;④开挖右侧下台阶,施作初期支护;⑤开挖下台阶核心土,施作仰拱初期支护。开挖工法如图 3-2-17 所示。

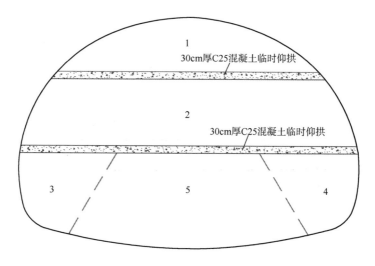

图 3-2-17 三台阶法 + 临时仰拱开挖工法示意图

（5）加强锁脚，采用φ108mm钢管锁脚，单处1根，钢管长6m或末端嵌岩1m以上。若基底为软弱基础，采用6m长φ108mm钢管桩加固；当拱顶沉降和周边收敛异常时，于开挖台阶表面浇筑30cm厚C25素混凝土临时仰拱，使初期支护封闭成环，提高结构稳定。

（6）K43+275~K43+255段采用加强型S5-P衬砌支护，加密环向盲管和横向排水管至2.5m一道，环向盲管每道不少于2根；集中出水点预埋φ100mm HDPE波纹管引排至两侧沟或中央沟，数量根据出水量确定。

（7）针对开挖后隧道周边存在大面积淋水或严重渗漏水的段落，采用全环注浆止水，止水注浆小导管采用φ42mm钢花管，浆液采用PO42.5水泥配置，水灰比为0.8∶1，掺入硅酸钠含量为水泥用量的3%~5%，注浆压力为0.6~1.0MPa。

4. 左洞洞内处理

待右洞初期支护仰拱完全通过富水破碎段并监测稳定后，方可施工左洞，处治方案如下：

（1）采用挂钢筋网+喷射混凝土封闭左洞K43+315处掌子面，喷射混凝土厚度不小于1m，掌子面预留泄水孔泄水，并接管将水集中引排。

（2）掌子面前20m范围初期支护段浇筑30cm厚C25临时仰拱混凝土，防止初期支护长时间暴露后变形异常导致侵限。

（3）于掌子面前约5m处初期支护拱部打设超前泄水孔，角度为30°~40°，长度不小于20m，将水从高处引出，减少掌子面出水，同时，于左洞掌子面同一横断面齐平的右洞K43+324拱腰处，采用C6钻机从右洞往左洞拱顶打设泄水孔，将左洞部分水从右洞引出。

（4）于掌子面拱部范围打设探孔，若掌子面前围岩存在空腔，则先泵送C30混凝土填充空腔。

（5）ZK43+315~K43+290段加强超前支护，超前支护采用注浆T76自进式管棚。拱顶120°范围打设T76自进式管棚，钢管环向间距20cm，长9m，纵向间距6m，外插角为10°。注浆采用双液浆，胶凝时间调整为3~5min，水灰比为1∶1~0.8∶1，水泥浆与硅酸钠体积比为1∶1~1∶0.8，二氧化硅浓度为35~40Be'，注浆初始压力为0.5MPa，终止压力为1MPa,其他注浆参数根据现场试验进一步确定。

(6)开挖工法根据现场条件采用三台阶法+临时仰拱。

采用三台阶法开挖时,上台阶高度为2.5~3m,开挖后于上台阶、中台阶地表及时浇筑30cm厚C25素混凝土临时仰拱,以免隧道变形过大,每循环开挖进尺不超过1榀钢架。施工顺序为:①开挖上台阶,施作初期支护,浇筑临时仰拱;②开挖中台阶,施作初期支护,浇筑临时仰拱;③开挖左侧下台阶,施作初期支护;④开挖右侧下台阶,施作初期支护;⑤开挖下台阶核心土,施作仰拱初期支护。开挖工法如图3-2-18所示。

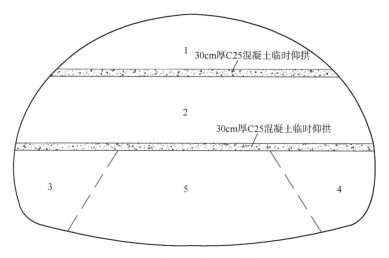

图3-2-18 三台阶法+临时仰拱开挖工法示意图

(7)加强锁脚,采用φ108mm钢管锁脚,单处1根,钢管长6m或末端嵌岩1m以上。若基底为软弱基础,采用6m长φ108mm钢管桩加固;当拱顶沉降和周边收敛异常时,于开挖台阶表面浇筑30cm厚C25素混凝土临时仰拱,使初期支护封闭成环,提高结构稳定性。

(8)随着开挖掘进,左侧拱脚(从小里程至大里程方向视角)采用跟管钻打φ108mm钢花管超前泄水孔,外插角30°,泄水孔长20m,纵向间距5m,后期采用φ100mm PVC管引排至两侧沟或中央沟。

(9)K43+315~K43+290段采用加强型S5-P衬砌支护,加密环向盲管和横向排水管至2.5m一道,环向盲管每道不少于2根;集中出水点预埋φ100mm HDPE波纹管引排至两侧沟或中央沟,数量根据出水量确定。

(10)针对开挖后隧道周边存在大面积淋水或严重渗漏水的段落,采用全环注浆止水,止水注浆小导管采用 ϕ42mm 钢花管,浆液采用 PO42.5 水泥配置,水灰比为 0.8∶1,掺入硅酸钠含量为水泥用量的 3%~5%,注浆压力为 0.6~1.0MPa。

五、影像资料

施工处治过程中影像资料如图 3-2-19~图 3-2-21 所示。

a)注浆

b)自进式管棚

图 3-2-19 自进式管棚+注浆

图 3-2-20 超前探孔施工

图 3-2-21 山顶冲沟铺设防水板

六、处治效果

经各方分析塌方原因,结合工程具体情况,采用超前泄水孔、注浆 T76 自进式管棚超前支护、三台阶法+临时仰拱开挖、加强型 S5-P 衬砌支护、全环注浆止水等技术方案处理,确保了富水破碎带的加固和止水效果,平稳安全通过了该段落,为隧道顺利贯通和项目如期通车提供了保障。

第三节　隧道富水软弱围岩段塌方处治

一、案例背景

某隧道为分离式隧道，左线 5ZK34+090~5ZK35+465，全长 1375m；右线 K34+025~K35+444，全长 1419m，均属长隧道。

根据前期现场实地沿线勘察，分析物探钻探等地质资料发现，隧道东部发育 F12 正断层，西部发育 F11 更偶—打哈断层，设计阶段秉持"地质选线"的理念，为降低断层构造带对隧道线位的影响，隧道线位最终选择从两条断层中间穿过。但受限于断层破碎带的发育范围较大，隧道仍不可避免地受到断层及其次生构造的影响，从而导致隧道进口端左洞 ZK34+455 和右洞 K34+374 桩号往后围岩条件很差，存在多处软弱夹层，掌子面渗水现象较为严重，地下水发育，隧道掘进过程中面临着掌子面失稳、拱顶塌方、洞内沉降变形异常等施工难题，如图 3-2-22、图 3-2-23 所示。

图 3-2-22　隧道掌子面塌方及初期支护侵限问题

二、原设计情况

隧道左洞 ZK34+250~ZK34+570 段、右洞 K34+190~K34+470 段原设计为Ⅳ级围岩，对应衬砌类型为 S4-B，该段隧道最大埋深约 143m。根据施工图详勘地质报告，该处围岩为中风化泥质灰岩，中厚层状构造，岩质较软，裂隙较发育，岩体较破碎，局部存在镶嵌结构的块体。拱顶易坍落,侧壁偶有掉块现象,洞室潮湿,多呈点滴状渗水,局部有线状渗水现象,应加强超前地质预报。采用超前锚杆作超前支护,采取台阶分部开挖法,以锚喷混凝土作初期支护,以现浇混凝土作二次初砌。

图 3-2-23　隧道洞内渗水情况照片

三、工程地质情况

(一)水文地质

据现场调查及勘察资料,隧址区地处拉赖背斜翘起端,岩层产状陡直,节理裂隙发育,岩性变化较大,地形起伏较大。隧道主要经过泥盆系中统东岗岭阶纳标段(D_2d^1)泥质灰岩,各岩组岩性均中厚层～厚层状,是有利岩溶发育的岩组,局部分布有岩溶管道。

据勘察资料,隧址区地下水含水岩组主要为松散岩类的溶蚀残余堆积层岩组和基岩类的泥盆系中统东岗岭阶纳标段(D_2d^1)岩组。其中,溶蚀残余堆积层含水岩组的含水介质主要为粉质黏土,主要分布于山体斜坡表层,地下水类型为松散岩类孔隙水,富水性较差;基岩类含水岩组地下水类型为岩溶水,其富水性随岩溶发育程度及地下岩溶管道的连通性而变化,通常岩溶密集发育带和地下岩溶管道连通性好的富水性较好。

(二)地形地貌

隧道区属侵蚀构造地貌,山体连绵起伏,地形起伏大,地形地貌主要受地层岩性及地质构造控制,山脉走向多呈南北向,与区域构造线走向、隧道走向基本一致,总体地势北高南低，地面高程在 654.74～893.37m 之间，相对高差达 238.63m，岩性由泥盆系中统东岗岭阶纳标段（D_2d^1）泥质灰岩组成。隧道洞身地表植被繁茂，灌木、桉木、松木为主，地形起伏大。隧道进洞口段为林地，植被极发育，自然坡度为 20°～35°，附近 3000m 无村民，无任何道路及土路，交通不便；隧道出洞口段为林地，植被极发育，自然坡度为 20°～45°。

（三）地层岩性

根据工程地质测绘、物探及工程地质钻探，拟建隧道沿线上覆第四系残坡积（Q_4^{el+dl}）粉质黏土，下伏泥盆系中统东岗岭阶纳标段（D_2d^1）泥质灰岩和泥质砂岩。

（四）构造条件

拟建线路位于宏观上属于箱状折断区东翼的向斜区。该折断区构造方向为南北向，褶皱较为宽阔，背斜两翼陡，中部平缓，具箱状特点，轴线起伏并有分支现象，地层倾角在 10°～60°之间；向斜主要由三叠系组成，基本轮廓近于抽屉状，其中次级褶皱发育，地层产状变化频发，倾角多在 45°以上，局部直角或倒转。微观上拟建线路位于拉赖背斜翘起端，岩层产状陡直，节理裂隙发育，岩性变化较大，地形起伏较大。

隧道区西边发育一条 F11 更偶—打哈断层，呈北西向，延伸长度 7.8km，性质不明，主要错断沿线石炭系地层及泥盆系上中统地层，东边发育一条正断层，主要切割泥盆系及石炭系地层。

四、处治方案

针对隧道富水软弱围岩段情况，建设单位组织有关专家，设计单位、监理单位及施工单位相关人员到现场查勘隧道水文地质情况，通过召开处治方案研讨会，最终形成如下处治方案：

(1) 建议施工单位把重点放在隧道出口端，隧道出口端掌子面围岩较好，加快出口端的施工进度，并多进行泄水减压，可有效减轻隧道进口端的施工压力。

(2) 加强富水软弱围岩段隧道衬砌与超前支护参数。将富水软弱围岩段衬砌类型由原设计 S4-B 调整为 S5-A，超前小导管纵向间距由原设计 280cm 调整为 140cm，相邻两排采用交错布设形式(双层小导管),必要时超前支护采用洞内管棚,以避免隧道拱顶塌方。

(3)合理调整开挖方法。根据现场情况,将富水软弱围岩段开挖方法调整为 CRD 法开挖,分左右两个开挖断面,先行导坑先泄水,多钻泄水孔,采用弱爆破施工,及时施作临时仰拱将初期支护封闭成环。

(4)先行导坑水比较大,会把岩石骨架中间的细颗粒带出来,容易形成空腔,要求施工单位请专业注浆队伍,及时做好注浆加固措施,将富水松散体进行固结,注浆参数应根据现场试验后确定。

(5)加强该段排水措施,加密横向排水管和环向排水管间距,并于边墙拱脚和中央沟底部设置泄水(孔)管,如图 3-2-24 所示,留出地下水排泄通道,以防运营期衬砌背后形成水压。

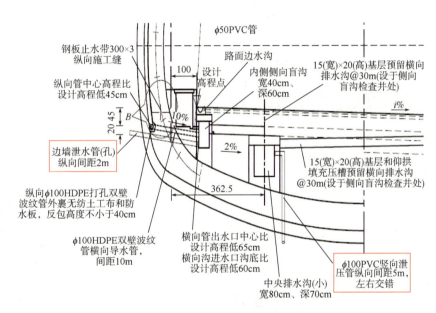

图 3-2-24　隧道中央沟及边墙泄水孔(管)
注:本图尺寸除钢筋、管材规格以毫米(mm)计及特别注明外,其余均以厘米(cm)计。

五、影像资料

设计变更发生前、处治过程中、处治完成后的相关影像资料如图 3-2-25 ~ 图 3-2-30 所示。

图 3-2-25　洞内渗水流泥照片

图 3-2-26　CRD 工法（含临时仰拱）施工现场照片

图 3-2-27　拱顶塌方照片

图 3-2-28　拱顶塌体注浆加固

图 3-2-29　洞内管棚施工现场照片

图 3-2-30　洞渣反压回填及斜撑施工现场照片

六、处治效果

按照处治方案实施后，通过监控量测观察发现初期支护变形基本稳定，且呈收敛趋势，掌子面注浆效果好，围岩稳定性明显改善。

第四节　隧道溶洞塌方处治

一、隧道溶洞塌方处治案例一

(一) 案例背景

2020年11月9日,某隧道右线掌子面掘进至YK72+969,后方YK72+957处上台阶右侧拱肩位置初期支护被4块巨型孤石(直径1~4m)从背后击中,致使YK72+957~YK72+969段发生塌方,伴有约600m³突泥体涌出,突泥体夹杂块石及软塑性黄泥,YK72+940~YK72+951段初期支护在塌方牵引下,出现急剧变形损坏,严重侵占到二次衬砌空间。塌方后该段对应地表在YK72+953处发生塌陷,塌陷范围直径约2m,深约2m,周围出现宽度10~17cm不等的裂缝,影响范围约15000m²(纵向长约150m,横向宽约100m)。

(二) 原设计情况

该隧道为分离式隧道,左线起讫里程桩号为ZK72+040~ZK73+680,长1640m;右线起讫里程桩号为YK72+060~YK73+660,长1600m,两洞平均长1620m,属长隧道。隧道隧址区为岩溶峰丛洼地地貌,地形起伏较大,洼地较发育,地面高程为281.5~474.8m,相对高差约193m,由北至南先后穿越南北向的沟谷和东西向的岩溶石峰,进出口及洞身沟谷内多被第四系覆盖,山体地表基岩大面积出露。

出现溶洞塌方的YK72+940~YK72+969段落原设计位于Ⅲ级围岩段落,结构衬砌及支护方式采用S3型。施工过程中,该段落围岩为中风化含燧石灰岩,岩溶强发育,岩体较破碎,泥质填充严重,变更采用S5-P型衬砌及支护,单排小导管进行超前支护,环距40cm,纵距240cm;初期支护采用I20b工字钢,纵向间距60cm,C25喷射混凝土26cm。

(三) 工程地质情况

1. 水文地质

隧道隧址区为岩溶峰丛洼地地貌,沿线隆起地段,地势较高,隧道中部沟谷洼地发育,为地表水的汇集区域。地表溪流具季节性,水流量受大气降雨所控制。设计洞身位于地下河岩溶管道及稳定地下水位之上,受地下河主岩溶管道的影响不大,但地表洼地与地下河管道间形成垂直缝状溶蚀通道,地表水通过消水洞下渗补给地下水的主要导水地带,雨季雨水注水量大,对隧道施工将产生较大的威胁。

2. 地下地貌

塌方位置位于山谷中间水田路段,地表右侧约140m位置为吾排屯,左侧约80m位置有一小山塘,该段隧道埋深86.0~108.0m,围岩为中风化合燧石灰岩,岩体呈中~厚层状构造,岩质坚硬,浅层溶蚀裂隙弱~中等发育,岩溶形态以溶蚀裂隙、岩洞为主,岩体较完整~较破碎,位于稳定地下水水位之上,以潮湿或点滴状出水为主。

3. 地层岩性

该段隧址区出露地层主要为第四系残坡积层(Q^{el+dl}),角砾呈褐色,稍湿,稍密状,土质不均匀,粒径大于2mm碎石颗粒约占总质量的60%,原岩为硅质岩、硅质白云岩,颗粒骨架间黏性土充填,主要分布于洼地底部,厚度1~10m。

(四) 处治方案

针对隧道YK72+957溶洞塌方情况,建设单位组织有关专家、设计单位、监理单位及施工单位相关人员召开了专家评审会,确定处治方案如下。

1. 专家会审处治方案

(1)对地表采取防排水措施。在该段落对应的地表水田段周围开挖环向截水沟,防止拱顶渗水;地表裂缝采用黏土进行填塞捣实封闭,铺设防水材料后再回填土填平原地面。同时抽干隧道地表左侧小山塘,防止掘进过程中掌子面出现突泥涌水现象。

(2)对该段隧道采用洞渣进行反压回填,并喷射混凝土进行封闭,反压掌子面稳定后,对溶洞处上方地表坍塌处进行回填,回填高度须超出原地面约0.5m,修筑成龟背形,并使用防水布遮盖防止地表水渗入。

(3)采用"大管棚+超前小导管注浆"进行支护。通过大管棚及小导管向掌子面轮廓线外位置进行注浆,使掌子面轮廓线外固结形成拱形受力结构。

(4)对YK72+940~YK72+969段塌方损坏的隧道初期支护进行更换,重新采用

S5-P2衬砌进行支护,同时对设计 S5-P2 衬砌中的Ⅰ22b工字钢间距由 55cm 调整为 50cm,锁脚锚管尺寸由 $\phi 50 \times 5mm(L=600cm)$ 更改为 $\phi 108 \times 6mm(L=600cm)$,径向 $\phi 25mm$ 中空注浆锚杆 $(L=400cm)$ 更改为 $\phi 42 \times 4mm$ 径向注浆小导管 $(L=450cm)$ 。

2. 具体设计参数

(1) 管棚采用 $\phi 108 \times 6mm$ 自进式超前大管棚进行超前支护,每根长 10.5m,采用 7 根单节长 1.5m 的 $\phi 108 \times 6mm$ 自进式管棚拼接而成,管棚环向间距 30cm,外插角 12°,穿过钢拱架开孔打入,管棚间搭接长度 3m。

(2) 小导管采用 $\phi 42 \times 4mm$ 双排超前小导管,环向间距 40cm,长 450cm,纵向间距 275cm,第一排外插角 10°~15°,第二排外插角 25°~30°,小导管尾部焊接于钢架上,小导管上每隔 15cm 钻 $\phi 10mm$ 注浆孔,梅花形布置,小导管在管棚施作位置的下一榀工字钢处打入。

(3) 锁脚锚管采用 4 根单节长 1.5m 的 $\phi 108 \times 6mm$ 自进式管棚拼接而成,通过 U 形钢筋与型钢拱架焊接牢固,注水泥净浆。

(4) S5-P2 衬砌类型开挖预留量 15cm,初期支护衬砌中采用Ⅰ22b工字钢,纵向间距 50cm(图纸设计 55cm,处治过程调整为 50cm),C25 喷射混凝土 28cm;二次衬砌采用 C30 防水钢筋混凝土衬砌 55cm,防渗等级不低于 P8。

(五)影像资料

设计变更发生前、处治过程中、处治完成后的相关影像资料如图 3-2-31 ~ 图 3-2-42 所示。

图 3-2-31　YK72+957 处溶洞塌方照片

图 3-2-32　YK72+940~YK72+951 初期支护侵占破损照片

图 3-2-33　YK72+953 处地表塌陷照片

图 3-2-34　地表裂缝照片

图 3-2-35　地表截排水沟施工现场照片

图 3-2-36　洞内反压回填施工现场照片

图 3-2-37　地表塌陷区回填照片

图 3-2-38　超前大管棚施工现场照片

图 3-2-39　锁脚锚管施工现场照片

图 3-2-40　仰拱快速跟进成环施工照片

图 3-2-41　二次衬砌完成施工现场照片

图 3-2-42　地表塌陷区生态恢复照片

(六)处治效果

隧道 YK72+957 处溶洞塌方处治过程严格遵循"短进尺、强支护、弱爆破、勤监测"的原则,通过采用"大管棚+超前小导管注浆"进行支护、三台阶法开挖、加强衬砌结构等方式,历时一个半月成功处治。后期跟踪监测观察,隧道结构稳定安全,各项指标验收结果优良,内实外美,溶洞处治效果达到了预期目标。

二、隧道溶洞塌方处治案例二

(一)案例背景

某隧道右洞从出口端往进口端单向掘进,K65+420~K65+340 段围岩等级为Ⅳ级,衬砌类型为 S4-B,开挖工法为上下台阶法。2021 年 7 月 4 日,隧道右洞掌子面掘进至

K65+354 时,如图 3-2-44 所示,掌子面遇溶洞,溶腔填充物为碎石黏土,涌出约 1000m³,无法立钢拱架;溶腔位于右侧拱腰位置,与线路平行,高度约 5m,宽度 5m,根据超前钻孔,掌子面前方 40m 均为碎石黏土。掌子面左侧围岩为层状灰岩夹泥,无水。岩溶发育位置如图 3-2-43 所示。

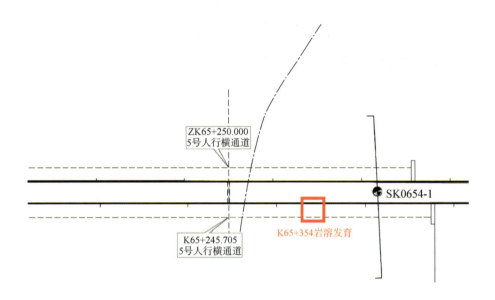

图 3-2-43　岩溶发育位置

(二)原设计情况

该隧道设计为单洞三车道小净距隧道,隧道设计起讫里程:左隧 ZK63+953~ZK65+460,全长 1507m;右隧 K63+908~K65+478,全长 1570m。隧道设计速度为 100km/h,隧道建筑限界净宽 14.5m,净高 5.0m;紧急停车带建筑限界净宽 17.5m,净高 5m;人行横通道净宽 2m,净高 2.5m。隧道路面横坡为单向坡 2%(直线段),超高不大于 ±2%,隧道路面纵坡为 3%。隧道防水等级为二级,二次衬砌混凝土抗渗等级不小于 P8。

(三)工程地质情况

1. 原设计地质描述

围岩为中风化灰岩,厚层状构造,岩质较坚硬,裂隙较发育,岩体较破碎,局部存在镶嵌结构的块体,局部发育溶洞、溶槽等,地下水为岩溶裂隙水。开挖后掌子面照片如

图 3-2-44 所示。

图 3-2-44 开挖后掌子面照片

2. 地质雷达超前地质预报

该隧道 K65+358～K65+328 地质雷达超前地质预报结果如图 3-2-45 所示。

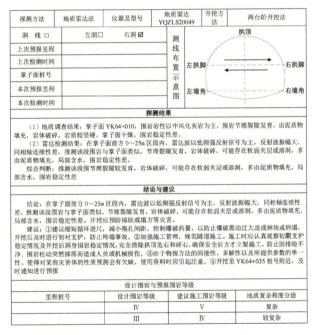

图 3-2-45 K65+328～K65+358 地质雷达预报结果

3. 超前水平钻

(1)钻孔描述：根据该隧道出口右洞钻探超前钻孔布置、隧道施工条件及现场情况，在 K65+354 掌子面施工了 11 个超前钻孔，隧道掌子面往大里程 5m，洞壁布置 1 孔，如图 3-2-46 所示。

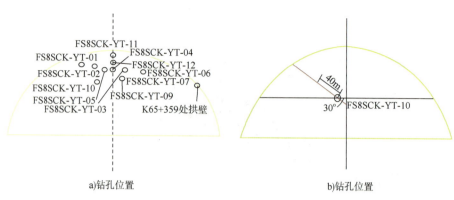

图 3-2-46　超前钻孔实际位置示意图

（2）结论。

根据钻孔揭露地层及结合现场地质情况，分析隧道前方 40m（对应里程桩号 K65 + 354 ~ K65 + 314）范围内围岩情况基本维持目前掌子面状况，岩体为厚层状中风化灰岩，岩质较硬。节理裂隙发育，多呈微张状、张开状，裂隙、溶洞发育，多为黏性土及碎石土充填，无胶结，结合差，岩体被节理裂隙、切割成块状岩体较破碎，开挖稳定性较差。

①K65 + 354 ~ K65 + 314（40m）钻孔揭露地层岩性为破碎灰岩及溶洞充填碎石黏土，充填型溶洞呈不连续分布，无胶结，结合差，岩体被节理裂隙切割成块状，发育软弱夹层，形成溶蚀溶洞或空洞。根据钻孔揭露溶洞情况，掌子面前方多为串联式溶洞，掌子面前方 0.0 ~ 18.0m 处溶洞，充填为砂夹黏土充填，18 ~ 40m 处溶洞为黏土充填（黏土，黄褐色，硬塑，黏性较好，杂质少，土质均匀）。根据钻孔揭露溶洞情况，溶洞自掌子面右侧向掌子面左侧及左侧拱顶方向延展，根据钻孔钻进过程中漏风、卡钻等情况推测，掌子面前方溶洞为串珠式溶洞，各溶洞之间相互串联，局部被相对溶蚀较弱的破碎灰岩阻隔，岩体破碎，开挖后开挖稳定性差，容易出现局部溶腔涌泥、渗水、掉块等。右侧掌子面建议围岩级别为 V 级。

②根据钻孔及地质雷达超前地质预报探测结果，综合超前地质预报结果见表 3-2-6。

综合超前地质预报结果一览表　　　　　　　　　　　　　表 3-2-6

位置	序号	桩号	长度（m）	推断结果	围岩级别
出口	1	K65 + 354 ~ K65 + 314	40	推测岩体完整性差，为溶洞及溶洞影响区域，掌子面前方溶洞为串珠式溶洞，各溶洞之间相互串联，局部被相对溶蚀较弱的破碎灰岩阻隔，岩体破碎，自稳能力较差，隧道上部易坍塌、掉块、突泥现象，地下水弱发育，局部偶见基岩裂隙渗水、滴状	V

(3)建议。

①K65+354~K65+339段节理裂隙、岩溶发育,FS8SCK-YT-01号钻孔0~11m揭露溶洞,FS8SCK-YT-02号钻孔3~6m揭露溶洞,FS8SCK-YT-03号钻孔3.5~9m揭露溶洞,FS8SCK-YT-04号钻孔4~10m揭露溶洞,FS8SCK-YT-05号钻孔6~12m揭露溶洞,FS8SCK-YT-06号钻孔12.6~15m揭露溶洞,FS8SCK-YT-09号孔5.8~26.6m揭露溶洞,FS8SCK-YT-10号孔3.5~20.0m揭露溶洞。FS8SCK-YT-11号孔7.8~40.0m揭露溶洞。FS8SCK-YT-12号孔13~23.0m揭露溶洞。由于钻孔过程中漏风、掉块、塌孔、包钻卡钻问题,钻孔均未钻穿溶洞,根据各钻孔钻进过程中串风塌孔情况,推断各钻孔间溶洞贯通溶合:地下水弱发育,岩体多干燥,未见孔内出水,局部偶见基岩裂隙渗水、滴状。

②应加强围岩管理,做好超前支护和初期支护,加强长管棚等支护措施,预防溶洞突泥、坍塌、岩块掉落。

③坚持贯彻"分台阶、短进尺、弱爆破、强支护"的原则组织施工,尽量减少对围岩的扰动,保护围岩的自承能力。

④重视监控量测工作及时反馈信息,指导施工。

⑤如雨季出现地下水渗出,做好引排,如掌子面、洞墙出现局部涌泥,可进行锚喷支护、管棚超前支护,保障施工安全。

⑥因溶洞极发育,建议超前钻探搭接里程范围,待掌子面开挖至K65+329,及时告知继续开展超前水平钻。

(四)处治方案

(1)反压回填洞渣至初期支护轮廓线以外20cm,为临时仰拱施工做准备。

(2)对K65+358~K65+355段初期支护施工临时仰拱(临时仰拱采用型钢+喷射混凝土)。

(3)K65+354~K65+359段左侧边墙采用ϕ42mm注浆小导管,进行注浆加固,间距1.2m×1.2m,梅花形布置。K65+359桩号位置,斜着向塌方空洞位置钻孔,确定塌方具体位置和空洞最高高度,并预埋3根泵送管,一根3m(3m为初期支护轮廓线以外的垂直高度),其余2根长度根据塌方最高点而定(一根泵送管,一根出气管)。

(4) K65+354~K65+344 段衬砌类型由原设计 S4-B 变更为 S5-P,S5-P 主要支护参数:28cm 厚 C25 喷射混凝土、φ25mm 中空锚杆、φ8mm 钢筋网(单层)、Ⅰ22b 工字钢、60cm 厚 C35 防水钢筋混凝土等(《S5-P 型衬砌结构设计图》图号 S5-5-2-7)。超前支护为超前支护采用 φ89mm 注浆钢管(长度 9m)+内插 φ50mm 注浆小导管(4m),掌子面左侧上台阶锁脚改为单根 φ89mm 钢管,长度 6m。开挖方式采用 CRD 法,每循环须施工横向混凝土板支撑,及时闭合成环。

(5)掌子面掘进前,先施工超前支护采用 φ89mm 注浆钢管(长度 9m)+内插 φ50mm 注浆小导管(4m)一环,并注浆完成到达固结强度之后,再对溶洞塌方空腔采用 C20 混凝土泵送 3m 厚混凝土(混凝土的坍落度稍微大些,固结塌方),待混凝土强度达到要求后,方可掘进施工。

(6)分部开挖完成,及时施工临时中隔壁和临时仰拱,遵循"小分部,短台阶,短循环,快封闭,勤量测,强支护"的施工原则,加强监控量测和超前地质预报工作,自上而下,分块成环,随挖随撑,及时做好初期支护,并待初期支护结构的拱顶沉降和收敛基本稳定后,自上而下拆除初期支护中的临时中隔壁和临时仰拱,再进行后续施工。

(7)如有监控量测数据异常,及时撤离人员和机械,并报建设单位、设计、监理到现场重新制定方案。

(五)影像资料

施工处治过程中影像资料如图 3-2-47~图 3-2-53 所示。

图 3-2-47 反压回填洞渣施工现场照片

图 3-2-48 临时仰拱施工现场照片

图 3-2-49 施打超前小导管照片

图 3-2-50 小导管注浆照片

图 3-2-51 管棚支护施工现场照片

图 3-2-52 初期支护施工现场照片

图 3-2-53 临时中隔壁照片

(六)处治效果

隧道右洞从进洞到目前施工中遇到各种地质灾害,通过上述一系列的工程措施,使工后沉降、施工质量、安全风险均得到了有效控制,确保了工程施工进度。

三、隧道溶洞塌方处治案例三

（一）案例背景

2021年8月1日，某隧道由出口端向进口端掘进，左洞上台阶施工至ZK80+567.2时，该里程设计为Ⅲ级围岩，现场实际围岩发生突变，掌子面右幅以及洞身右侧开挖线以外出现黏土层，中间夹杂少量卵石，数量较大，且岩体较破碎。岩溶平面位置及掌子面现场情况如图3-2-54、图3-2-55所示。

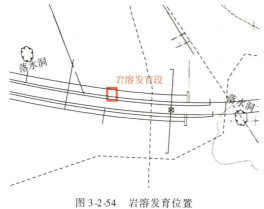

图3-2-54 岩溶发育位置　　　　图3-2-55 ZK80+567.2掌子面

2021年8月2日下午，施工现场按照设计图S4-B衬砌通过岩溶区；8月2日晚，受急降雨影响，本段岩溶区掌子面突然塌方，掌子面约8m初期支护结构坍塌，隧道内明显可见初期支护下沉15～43cm，该事件发生后，现场停止了隧道作业，立即由建设单位、设计单位、监理单位及施工单位四方现场勘探研究确定处治措施，并对下沉侧进行临时加固。

同年8月4日，该溶洞处再次出现塌方，直接将本处初期支护压垮，具体现场情况见图3-2-56。

（二）原设计情况

该隧道左线起讫里程桩号为ZK79+970～ZK80+735，设计全长765m，采用小净距+分离式布置形式，进出口洞门采用端墙式。最大埋深201m，属深埋隧道。设计出口端明洞5m、Ⅴ级围岩125m、Ⅳ级围岩230m、Ⅲ级围岩410m。

a) 2021年8月2日

b) 2021年8月4日

c) 2021年8月4日

图 3-2-56　ZK80+584～ZK80+567.2 左侧初期支护变化过程

ZK80+546～ZK80+594 段设计为Ⅲ级围岩，隧道埋深 152～174m。采用原设计为 S3-B 型衬砌结构支护（后变更为 S3-A），主要为Ⅰ14 工字钢钢拱架，纵向间距 1.2m，ϕ8mm 钢筋网，网格间距 25cm×25cm，喷射 C25 混凝土厚 21cm。ZK80+567～ZK80+574 原设计采用 S3-B 型衬砌支护（后变更为 S4-B），主要为Ⅰ18 工字钢拱架，纵向间距 1.0m，ϕ8mm 钢筋网，网格间距 20cm×20cm，喷射 C25 混凝土厚 24cm，4.5m 长超前钢管支护，间距 40cm，每环 38 根。

（三）地质情况

该隧道属岩溶峰丛洼地地貌，岩溶较发育，主要岩溶形态为溶洞、溶沟、溶槽溶蚀洼地等。地表溶蚀、沟槽发育多被第四系残坡积层黏性土充填，岩体裂隙发育，表层局部呈镶嵌结构块体，局部岩体松动，已形成危岩，松动块体直径一般在 1～2m 不等。

(四)处治方案

1. 总体施工方案

根据建设单位、设计单位、监理单位、施工单位四方现场勘察结果,现场实际情况及超前地质预报数据,经四方研讨,确定将该溶洞所处Ⅲ级围岩 ZK80+573.6~ZK80+563.6 原衬砌 S3-B 结构变更为 S5-A 型衬砌,在掌子面处,采取洞渣反压回填,在反压回填后,用水平钻进行钻孔,拱顶 3 个,拱底 1 个;对下沉开裂侵限区域初期支护结构进行更换钢拱架(原设计 S3-B 变更为 S5-P),上台阶锁脚锚管采用 $\phi 108mm$ 管,长度 6m,间距 1m,与 $\phi 50mm$ 锁脚锚管交叉布设,其余按 S5-P 衬砌类型进行支护。溶洞塌方段拱顶塌腔采用 C20 泵送混凝土,泵送厚度大于 3m,以保证隧道整体强度,施工过程中需加强监控量测和超前地质预报工作,及时跟进仰拱及二次衬砌施工。为保证顺利通过溶洞段,不造成二次塌方,采用 $\phi 108mm$ 管施作洞内管棚,每环 42 根,环向间距 40cm,最长 18m,最短 15m,施工过程中严格把控注浆环节。

2. 工艺流程

掌子面塌方段洞渣反压回填→水平钻探孔,探测拱顶土层厚度→侵限段换拱→施作洞内管棚→管棚注浆→初期支护仰拱成环后溶洞内泵送混凝土→沉降监测。

3. 施工方法

(1)掌子面塌方段洞渣反压回填。

施工前,由测量人员对初期支护下沉段以外的初期支护结构进行外观检查,采用全站仪全天候测量初期支护断面尺寸,确保该范围初期支护结构无位移、下沉、开裂,断面尺寸满足施工要求。

待掌子面稳定后采取洞渣反压回填处理,进一步保证掌子面稳定性,防止出现再次塌方。

(2)水平钻探孔,探测拱顶土层厚度。

为探明 ZK80+584~ZK80+567 段溶洞上方土层厚度和黏土方量,在初期支护未变形段采用地质水平钻探孔,拱顶 3 个,起拱线 2 个,拱底 1 个,为进一步处理溶洞提供数据支持。超前水平钻探实际情况如图 3-2-57、图 3-2-58 所示。

图 3-2-57　拱顶超前水平钻钻探照片

图 3-2-58　起拱线超前水平钻钻探照片

(3)侵限段换拱。

ZK80+567~ZK80+584 段因初期支护下沉,导致断面尺寸不满足施工要求,根据会议纪要要求,换拱段上台阶锁脚锚管采用 6m 长 $\phi108mm$ 管与 $\phi50mm$ 管交叉布置,间距 1m,施工过程中严格要求注浆,其余按照 S5-P 衬砌进行支护。施工现场照片如图 3-2-59 所示。

(4)施作洞内管棚。

处理初期支护下沉段时,预留 40cm 变形量,为施作管棚提供作业空间,管棚为提前加工完打好孔的 $\phi108mm$ 管。送管前,使用潜孔钻提前打好孔,每打完一处,送入一根 $\phi108mm$ 管,严格要求孔口角度,要求入岩深度为 3m,每根 $\phi108mm$ 管端头接上止浆阀。管棚打孔及送管现场照片如图 3-2-60、图 3-2-61 所示。

图 3-2-59　$\Phi108mm$ 锁脚锚管与 $\Phi50mm$ 锁脚锚管照片

图 3-2-60　管棚打孔照片

图 3-2-61　管棚送管照片

(5)管棚注浆。

当管棚施作完成后,现场通过实验确定注浆参数,之后采用 2 台注浆机同时注浆,注入水灰比为 1∶1 的 PO42.5 水泥净浆,并掺入 5% 水泥重量的硅酸钠,注浆初始压力为 0.5MPa,终压为 2.0MPa,使用水泥约 700t。注浆现场照片如图 3-2-62 和图 3-2-63 所示。

图 3-2-62　管棚注浆检查照片

图 3-2-63　管棚注浆照片

(6)拱顶泵送混凝土。

施工管棚时提前预埋泵送混凝土管,泵送混凝土采用轻质混凝土,施工过程中加强对初期支护结构的沉降观测。

(7)监控量测。

①监测频率。

针对隧道左洞 ZK80+584~ZK80+567 段实际情况,结合施工设计中监控量测的具体要求,对该段初期支护结构每天观测三次,当遇天气变化特别是极端天气情况时应实时观察。同时应检查周边位移的量测频率,并与量测频率进行比较,然后取较大值。施工状态发生变化时(开挖下台阶、仰拱或撤除临时支护),应增加监测频率。具体量测频率见表 3-2-7~表 3-2-9。

隧道拱顶下沉量测频率　　　　　　　表 3-2-7

量测时间段	量测频率	备注
1~15d	1 次/d	量测频率根据围岩实际位移速度作适当修改
16d~1 个月	1 次/2d	
1~3 个月	1~2 次/周	
>3 个月	1~3 次/月	

按测点距开挖面距离的量测频率 表3-2-8

监控量测断面距开挖面距离(m)	监控量测频率
(0~1)B	2次/d
(1~2)B	1次/d
(2~5)B	1次/(2d~3d)
>5B	1次/7d

注：B为隧道开挖宽度。

按位移速度的量测频率 表3-2-9

位移速度(mm/d)	监控量测频率
≥5	2次/d
1~5	1次/d
0.5~1	1次/(2d~3d)
0.2~0.5	1次/3d
<0.2	1次/7d

②监测方法。

按设计要求在洞身初期支护的拱顶及两端拱脚共设3个锚桩粘贴反光片，条件允许时，可用稳固的膨胀螺栓固定，并在外部保护套上粘贴反光片，采用全站仪进行量测。

③测点布置。

根据本段洞身实际情况，在溶洞段前10m范围内，每5m布置一个量测断面。

④工作流程。

监控量测数据在断面测点布设好之后即可采集，拱顶下沉、收敛量测起始读数宜在3~6h内完成，其他量测应在每次开挖后12h内取得起始读数，最迟不得大于24h，且在下一个循环开挖前必须完成。

在取得监测数据后，及时由专业监测人员整理分析。结合围岩、支护受力及变形情况进行分析判断，将实测值与允许值进行比较，及时绘制各种变形或应力-时间关系曲线，预测变形发展趋向及围岩和隧道结构的安全状况，并将结果反馈给建设单位、设计、监理及施工单位，从而实现动态设计、动态施工。

⑤监测资料整编。

按照批准的统一格式将各项仪器的有关参数、仪器安装埋设后的初始读数和全部仪器设备档案卡等整编成册，归档；监测完成获得监测数据后应及时整理分析，监测资料应根据不同的仪器类型和目的，分别按照直观反映结构位移、应力、作用力等物理量指标进行整理，绘制各类物理量测值变化过程线和其他必要的图表，进行数据处理、回归分析，推算最终各类物理量测值和掌握其变化规律,并将监测成果分析报告报送监理单位;对监测物理量进行特征值统计,并采用比较法、作图法进行综合分析,定性判断其变化趋势及变化速率;监测发现异常情况时,应及时上报建设单位、设计单位和监理单位。

(五)影像资料

溶洞施工处治过程中的现场照片如图 3-2-64～图 3-2-70 所示。

图 3-2-64　掌子面突变照片

图 3-2-65　隧道塌方照片

图 3-2-66　四方商议处理方案照片

图 3-2-67　溶洞处理过程照片

图 3-2-68　管棚施作照片

图 3-2-69　管棚注浆照片

图 3-2-70　溶洞处置完成照片

（六）处治效果

施工处治一段时间后,根据监控量测观测数据分析,各监控断面周边位移、拱顶下沉变化值均处于正常变形状态,累计值增幅不大,同时根据后续段落围岩实际情况表明该段落已基本趋于稳定。

四、隧道溶洞塌方处治案例四

（一）案例背景

2021 年 6 月 16 日,某隧道现场施工至 K76+284.4 处时,揭露一填充型溶洞,充填物为低液限黏土,分布于整个掌子面,施工时发生拱顶塌方。经现场目测塌腔发育至拱顶以上约 8m,宽约 10m。根据 K76+270~K76+300 段超前地质预报揭示"掌子面前方 0~30m 范围:电磁波以中低频为主,局部存在平行振荡信号。根据雷达图像显示,掌子面前方 2~15m 范围内局部存在振荡信号,推测该区域节理裂隙发育"。

隧道开挖支护施工过程中,K76+274~K76+284 段落施工时掌子面已见充填泥夹石,局部掉落,现场采用 C25 喷射混凝土对其进行回填密实,掌子面施工至 K76+284 前后时已揭露局部空腔,初期支护施作完成后现场按设计图纸已有溶洞处治方案进行回填泵送混凝土。

（二）原设计情况

该隧道设计为三车道小净距+分离式特长隧道,隧道总体为南北走向。其中左线起讫桩号 ZK76+165～ZK79+542，设计纵坡 -2.494%，长 3377m；右线起讫桩号 K76+202～K79+552.5，设计纵坡 -2.49%，长 3350.5m；隧道最大埋深约 350m。隧道进、出口均采用端墙式洞门。隧道内人行横洞 13 个，车行横洞 4 个，配电横洞 1 个。隧道右线进口端 K76+284～K76+304 段围岩以中风化灰岩为主，厚层状构造，岩质较坚硬，节理裂缝发育，岩体破碎，围岩设计为Ⅳ级，衬砌结构类型为 S4-B 型衬砌，主要支护参数：I18 钢拱架，纵向间距 100cm，ϕ25mm 超前钢管、24cm 厚 C25 喷射混凝土、ϕ22mm 药卷锚杆、ϕ8mm 钢筋网、45cm 厚 C35 防水钢筋混凝土等。隧道内各级围岩分布情况见表 3-2-10。

隧道围岩情况一览表　　　　　　　　　表 3-2-10

序号	位置	洞门形式	Ⅲ级(m)		Ⅳ级(m)		Ⅴ级(m)		合计(m)
1	左线	端墙式	2000	59.22%	900	26.65%	477	14.12%	3377
2	右线	端墙式	2010	59.99%	875	26.12%	465.5	13.89%	3350.5

(三) 工程地质情况

K76+500 左侧有一溶蚀洼地，呈椭圆形，直径为 35～150m，面积约 4200m^2，洼地地面高程为 615～626m，高于设计隧道路面高程。洼地地表覆盖 1～3m 的第四系残坡积层，地表植被主要为杂草、灌木等，洼地内发育有消水岩溶裂隙。

K76+500 右侧约 210m 有一溶蚀洼地，呈椭圆形，直径为 40～120m，面积约 3900m^2，洼地地面高程为 597～608m，高于设计隧道路面高程。洼地地表覆盖 1～4m 的第四系残坡积层，地表植被主要为杂草、灌木等，洼地内发育有消水岩溶裂隙。

该处溶洞地处陡山山脚处，为原有山脉堆积体。最大埋深 66m，左右洞水平净距 23.1m，掌子面围岩主要由黏性泥土及孤石夹杂组成，开挖稳定性极差，K76+290.4～K76+312.7(22.3m) 钻孔揭露地层岩性为溶洞充填黏土，充填型溶洞呈不连续分布，无胶结，结合差，岩体被节理裂隙切割成块状，发育软弱夹层，形成溶蚀溶洞或空洞，岩质硬，岩体相对破碎，钻探冲洗液返水为灰黄色；K76+312.7～K76+315.4(2.7m) 钻孔揭露地层为中风化灰岩，灰褐色，厚层状构造，破碎灰岩，岩溶裂隙、溶蚀溶孔发育，裂隙充填黏土，钻探过程中遇充填黏土薄层，冲洗液返水为灰褐色，岩体相对破碎。隧道进口地质纵断面及平面位置图如图 3-2-71 和图 3-2-72 所示。

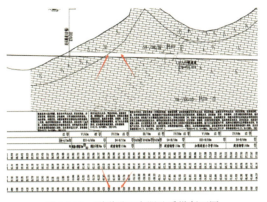

图 3-2-71　隧道进口右洞地质纵断面图

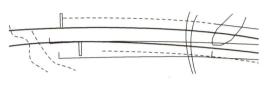

图 3-2-72　隧道进口平面图

(四) 处置方案

(1)2021 年 6 月 16 日溶洞揭露后,经建设单位、设计单位、监理单位及施工单位四方现场勘查研讨后,初步确定处治方案如下:

K76+284.4 处溶洞段落设计衬砌类型由 S4-B 变更为 S5-A(长度 10m),并根据回填反压的方式利用洞渣将中台阶重新回填,缩小断面临空面,用 C25 喷浆料回填坍塌处,在该处立架后加密施作超前小导管,注浆后用砂浆填塞小导管至密实。溶洞处预埋 1 根泵管用于泵送混凝土回填溶洞,长度 4m,斜向左上插入空腔内;预埋 2 根 ϕ50mm 无缝钢管作为泄水孔,长度 5m。同时加固洞口处支撑,以初期支护钢架、无缝钢管、C25 喷射混凝土形成的稳定结构为依托,使用输送泵分 2 次向溶洞内泵送 C15 回填混凝土。待泵送混凝土强度提高后再进行下一循环开挖。

(2)2021 年 7 月 12 日中午,掌子面施工至 K76+299 处喷浆结束后洞内突发变形,现场当即撤出全部人员机械,约 4h 后变形趋于稳定,由拱顶至左侧拱脚均出现下沉并收敛。经测量发生变形里程为 K76+283～K76+299 共计 16m,最大沉降量约 50cm,该处与左洞水平净距为 23.1m,埋深 50m。隧道停止施工进行换拱。经四方研讨后决定变更处治方案如下:

因右洞变形与左洞水平净距较小,左洞爆破开挖会对右洞产生影响,极有可能引发右洞继续变形,现场决定待左洞仰拱到达该位置闭合成环后再进行右洞变形位置换拱施工。

①对 K76+284～K76+299 段断面进行回填洞渣,洞渣应填充满整个掌子面,起到对

断面反压的作用。

②在未变形区域,采用I22b型工字钢施作洞内导向墙。共使用三榀I22b型工字钢并行架立,焊接成整体后将φ108mm钢管固定在拱架处作为导向钢管,导向钢管两侧采用土工布封堵,喷射C25混凝土,混凝土喷射厚度70cm,宽度50cm。喷射混凝土强度达到设计值后开始施作洞内中管棚,中管棚采用φ89mm有孔花钢管,应尽量向掌子面方向钻进,钻进过程中采用根管法送管,送管完成后注浆。

③回填区稳定后开始进行换拱开挖,采用三台阶预留核心土法开挖,每循环开挖进尺不得大于1榀钢架,采用S5-P型支护形式对原有变形拱架进行替换,同时在原有设计上对锁脚锚管进行加强,将原设计φ50mm钢管替换为φ89mm钢管,与拱架焊接,牢靠后注浆。中导随即跟进。收敛变形段拱架全部替换完成后拆除临时洞内导向墙钢架。

④2021年9月8日换拱完成后施作5m后揭露新溶洞一处。K76+304掌子面左侧拱腰现溶洞一处,孔口直径约1.5m,向下延伸约8m,斜向左上延伸深度未知,溶洞洞壁及内部为石英石;掌子面其他位置为泥夹石,开挖稳定性较差,局部掉块严重,无渗水现象。现场地质条件不能满足Ⅳ级围岩支护,故将K76+304~K76+314衬砌支护形式由S4-B调整为S5-A。

(3)2021年9月9日建设单位、设计单位、监理单位、承包人四方现场勘察,并结合超前地质预报和超前水平钻孔资料,经过四方研讨,依据现场实际情况变更处治方案如下:

①将K76+304~K76+314段(10m)衬砌结构类型由原设计S4-B变更为S5-A。主要参数:Ⅰ22b钢拱架,纵向间距65cm,φ50mm超前钢管、28cm厚C25喷射混凝土、φ25mm中空注浆锚杆、φ8mm钢筋网(双层)、60cm厚C35防水钢筋混凝土等。

②当前掌子面已施作的两榀钢架喷浆充填密实,继续向前施作2~3m将溶洞揭露。

③改变开挖工法,从核心土小里程端头(核心土长度共计16m)处采用CRD法施工,将已预留核心土向掌子面方向推进,在中下导连接位置采用Ⅰ22b工字钢施作临时仰拱,钢架闭合成环后喷射30cm混凝土。中隔壁钢架封闭成环,施作右侧中导至掌子面,同时跟进下导,揭露右侧地质情况。

④待右侧中导施工至掌子面处初期支护稳定后开挖左侧堆积土体,施作初期支护使断面闭合成环。

⑤施工过程中遵循短进尺、强支护的原则,仰拱、二次衬砌紧跟。

(4)2021年9月12日凌晨,现场按设计要求施作临时仰拱及中隔壁钢架,并喷浆形成闭环后掌子面突发坍塌,泥土掺杂石块从掌子面斜前方偏上位置涌出,引发靠近掌子面附近20m范围内已完成支护部位坍塌,坍塌共发生3次,从5:30持续至9:30,其间坍塌而下的土方总量达到5000m³左右。现场及时撤离人员后停止施工,封锁洞口。

(5)2021年9月16日,待掌子面坍塌稳定后,经四方研讨最终确定处治方案如下:

①对塌方区域清理周遭孤石杂土,回填反压。利用堆积土体形成屏障对拱顶空洞处进行泵送混凝土。

②平整上台阶作业平台,采用根管法施作大管棚,管棚内植钢筋笼并注浆。

③管棚施作完成后在拱顶、拱腰斜上方坍塌位置采用根管法打探孔,探明空洞位置,在$\phi 108mm$钢管管头位置焊接泵送管,对空洞位置回填C30细石混凝土5m,使拱顶5m范围内充填密实。

④采用CRD法开挖掌子面,优先开挖右侧,待右侧进尺5m后斜向左上方继续施作探孔探空洞并回填泵送混凝土。

(五)影像资料

溶洞施工过程中的现场照片如图3-2-73~图3-2-80所示。

图3-2-73 溶洞揭露图

图3-2-74 溶洞处治四方踏勘图

图 3-2-75 溶洞塌方照片

图 3-2-76 溶洞临时支护施工照片

图 3-2-77 溶洞注浆施工照片

图 3-2-78 溶洞超前支护施工照片

图 3-2-79 溶洞泵送混凝土施工照片

图 3-2-80 溶洞处治施工照片

(六)处治效果

右洞 YK76+280 和 YK76+275 两组监控点量测数据反馈显示,从 2021 年 7 月 12 日开始测量,与之前所测量值左侧拱脚至隧道中心线对比,沉降值为 8~9mm;2021 年 7 月 12 日第一次坍塌后至 2021 年 9 月 8 日换拱完毕,总计沉降量在 11~14mm 之间;2021 年 9 月 12 日再次坍塌,反复测量,坍塌对 YK76+280 以前做好的支护影响很小在沉降规范以内(仰拱已做到 YK76+284 里程)坍塌段需要重新进行换拱支护。

第三章

CHAPTER 03

厅堂式溶洞

第一节 "回填反开挖式"溶洞处治

一、案例背景

2011年6月2日,某隧道左线掘进到K28+817时揭露一个大溶洞,后行的右线于2011年7月1日到达该溶洞,左右线连通。该溶洞为大型厅堂式溶洞,受陡倾节理和层面共同控制,竖直向上发育高达25m,左右洞呈一宽约10m、高约25m的连通廊道,发育至右洞时扩大为一直径约50m、高40~50m的岩溶大厅。

二、原设计情况

该隧道进洞口位于某村西侧,出洞口位于某水库一侧。右线起讫桩号为YK27+735~YK29+057,设计长度为1322m;左线起讫桩号为ZK27+735~ZK29+002,设计长度为1267m。该隧道设计为小净距-分离式长隧道,隧道断面为单心圆曲墙式断面,半径$R=5.85m$。

三、工程地质情况

1. 水文地质

该处某水库处枯水期水位约为215m,另一水库中水位约为155m,平时流量373L/s,洪水时最大流水量8000L/s,两处水库处的水头差达60m,洪水期水头差可达75m之多,该段内地下河平均水力梯度为6‰~8‰。

2. 地形地貌

隧址区地形地貌受地层岩性及构造控制明显,属于岩溶峰丛洼地地貌,路线斜穿一连体山,沿线地形地势呈锯齿状,局部呈屏状,整体呈中部高,两侧低,隧址区地面高程为155.00~544.80m,相对高差约390.00m,地形起伏较大。整体地势较陡,沟谷纵横,切割强烈,横坡陡峻,地表植被覆盖率不高,局部以灌木林、杂草为主。

3. 地层岩性

覆盖层为第四系残坡积层(Q^{el+dl})黏土,褐黄色,局部含少量碎石。零星分布进出洞口及洞身段,厚度薄。基岩为石炭系上统(C3)白云岩和中统(C2)灰岩,隐晶~微晶结构,中厚~厚层状构造。整个山体基岩基本裸露。K28+700~K29+000段内隧道受断层影响明显,该断层为一非活动性导水断层,断层影响带内岩石裂隙发育,岩体较破碎,岩溶十分发育。

四、处治方案

为确保洞内施工人员和设备安全,采取"先回填再反开挖"的处治思路,并对左、右线的溶洞基底部位进行加固处理,提高隧道初期支护和二次衬砌支护等级。具体施工方案如下:

(1)对溶洞口处的加固处理。提高隧道溶洞口处围岩的支护等级,同时对溶洞口处的场地进行平整和压实。

(2)先回填再反开挖,穿越厅堂式大溶洞。

①对YK28+826~YK28+878厅堂式溶洞隧道洞圈范围内采用碎石进行回填,根据溶腔的高度选用短臂架混凝土泵车通过遥控器指挥布料,布料由水平最远处向溶洞口处泵送C20混凝土作为缓冲层,缓冲层厚度不小于3m。从隧道左侧向右侧,分层缓慢泵送以减少隧道右侧的自然流淌量。混凝土回填时与围岩接触面成斜角,以更好地抵抗围岩偏压。

②待YK28+826~YK28+878段回填混凝土有一定强度后,再进行反开挖,初期支护采用间距50cm的I20a型钢拱架,初期支护闭合成环,直至安全穿越大溶洞。反开挖施工时,左侧与围岩接触部位(YK28+878~YK28+858)对围岩布设6m长的中空锚杆用于加固,保证围岩的稳定性。

③对ZK28+803~ZK28+817采用C20混凝土作为缓冲层,缓冲层厚度不小于3m,采用分层分批回填。

(3)在溶洞底部软弱带采用$\phi127mm\times8mm$镀锌钢管形成微型钢管桩,并在管内灌M30水泥砂浆;同时,桩顶采用碎石换填、仰拱底部采用C15素混凝土回填,以确保地基的加固效果和稳定性,保障运营期隧道路面的整体稳定。

（4）增加厅堂式溶洞部分二次衬砌的厚度，以增加运营期隧道的安全储备系数。

五、影像资料

溶洞施工过程中的现场照片如图 3-3-1～图 3-3-8 所示。

图 3-3-1　溶洞揭露情况

图 3-3-2　溶洞内情况

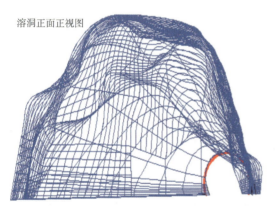

图 3-3-3　大溶洞断面及三维效果图

图 3-3-4　隧道内地下河水位情况

图 3-3-5　溶洞泵送混凝土

图 3-3-6　溶洞反压回填后反挖完成

图 3-3-7　初期支护背后泵送混凝土及缓冲层　　　　图 3-3-8　溶洞底部软弱带加固

六、处治效果

本方案通过对溶洞口进行加固,采用先回填再反开挖的方式成功穿越了大型厅堂式溶洞,采用钢管桩对仰拱底部软弱带进行加固,确保了软弱带的加固效果和隧底的稳定性,加大部分段落二次衬砌厚度和缓冲层来增加隧道运营期的安全储备系数。隧道建成通车后结构稳定安全,各项指标验收结果优良,内实外美,溶洞处治效果达到了预期目标。

第二节　"回填+加强排水式"溶洞处治

一、"回填+加强排水式"溶洞处治案例一

(一)案例背景

2021年6月14日某隧道左洞出口端上台阶掌子面掘进至ZK45+042处时,发现一个溶洞,溶洞最大横向宽度约28m,仰拱底以下最大深度约14.5m,纵向长度约30m,影响隧道纵向长度约25m。溶洞顶有几处落水洞,形状大小不一,晴天时,落水洞出水呈点滴状;雨天时呈淋雨状,并未见到股状出水。溶洞现场情况如图3-3-9、图3-3-10所示。

图 3-3-9　ZK45+042 溶洞现场照片

图 3-3-10　ZK45+042 溶洞照片

(二) 原设计情况

该隧道设计为双洞小净距+分离式短隧道,左洞起讫桩号 ZK44+720~ZK45+160,全长 440m;右洞起讫桩号 K44+690~K45+110,全长 420m。主线主洞隧道建筑限界净宽:0.75m(左侧检修道)+0.75m(左侧向宽度)+3×3.75m(行车道)+1.00m(右侧向宽度)+0.75m(右侧检修道)=14.50m;限界净高:5.00m;采用设计速度:100km/h;ZK45+042~ZK45+010 段(ZK44+990~ZK45+050)围岩等级为Ⅳ级,衬砌结构类型:S4-B,主要支护参数:24cm 厚 C25 喷射混凝土、I18 工字钢、$\phi 22$mm 药卷锚杆、$\phi 8$mm 钢筋网、45cm 厚 C35 防水钢筋混凝土二次衬砌、$\phi 50$mm 超前小导管 $L=4.5$m 等。

(三) 工程地质情况

(1) 隧道左线 ZK45+042~ZK45+010 段围岩为中风化灰岩,厚层状构造,岩质较坚硬,岩体较破碎,局部存在镶嵌结构的块体,局部发育溶洞、溶槽等,岩溶发育程度随深度增加逐渐减弱,地下水为岩溶裂隙水。

(2) 隧道区域稳定性较好,本区基本地震动峰值加速度值为 $0.05g$,对应的地震烈度为Ⅵ度,基本地震动反应谱特征周期为 0.35s。

(四) 处治方案

2021 年 6 月 15 日经建设单位、设计单位、监理单位、承包人四方现场勘察,根据溶洞三维测量情况和地质钻探资料,研究确定溶洞处治方案,具体如下:

(1)对距离溶洞底板下方位置10.5m处和13.8m处的溶洞,采用潜孔钻或者地质钻向下钻孔,孔间距3~5m,呈梅花形布置(隧道投影范围),采用C20混凝土泵送填充。

(2)在溶洞底边浇筑厚度1m的C20混凝土板,每隔5m设置一道,中间采用片石+碎石回填(按照填石路基要求,采用小型机械分层回填压实);回填时在溶洞最低处预埋2~3根ϕ400mmHDPE双壁波纹管,连接至侧向盲沟,作为泄压排水管。溶洞底部处治方案如图3-3-11所示。

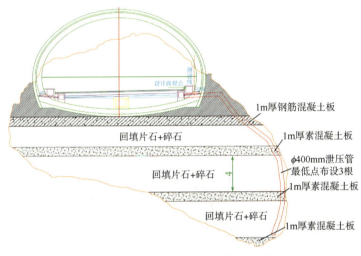

图3-3-11　ZK45+020处治方案立面图(尺寸单位:m)

(3)在距离仰拱底1m处(即溶洞回填顶),设置1m钢筋混凝土板,纵向两侧搭在基岩上,搭接长度5m。为防止溶洞回填层与钢筋混凝土板之间存在空隙,在施工1m厚钢筋混凝土时,预留压浆孔(注砂浆),孔间距5m×5m。

(4)拱顶泄水洞位置,采用C20混凝土,泵送3m厚,在每个泄水洞预留一根ϕ400mm钢波纹管,接入侧向盲沟;钢波纹管周围采用C20混凝土、厚20cm护壁保护。

(5)侧向溶洞处理,采用C20混凝土浇筑3m厚护拱,剩余空间采用洞渣回填,在最低点预埋一根ϕ400mm钢波纹管,接入侧向盲沟;钢波纹管周围采用C20混凝土、厚20cm护壁保护。侧向溶洞处治方案如图3-3-12所示。

(6)ZK45+010~ZK45+042段(32m)围岩等级维持原设计Ⅳ级,衬砌类型由S4-B调整为S5-B,S5-B主要参数:ϕ50mm超前小导管;ϕ25mm中空注浆锚杆;I20b钢拱架;单层ϕ8mm钢筋网;C25喷射混凝土厚26cm;C35二次衬砌混凝土厚55cm。

(7)加强监控量测和超前地质预报工作,及时跟进仰拱及二次衬砌施工。

(8)如有监控量测数据异常,及时撤离人员和机械,并报四方到现场重新制定方案。

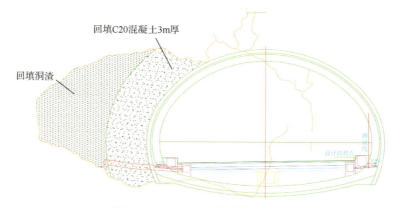

图 3-3-12　ZK45+030 处治方案立面图

(五)影像资料

溶洞施工过程中的现场照片如图 3-3-13～图 3-3-16 所示。

图 3-3-13　溶洞底部地质钻孔

图 3-3-14　溶洞回填片石加碎石

图 3-3-15　溶洞分层回填混凝土

图 3-3-16　溶洞侧面回填混凝土

(六)处治效果

本方案通过采用混凝土填筑、片石+碎石回填、预留泄水孔、加强衬砌等加固措施,成功穿越了大型厅堂式溶洞,确保了软弱带的加固效果和隧底的稳定性,溶洞处治达到了预期效果。

二、"回填+加强排水式"溶洞处治案例二

(一)案例背景

2021年8月3日,某隧道掌子面掘进至ZK38+412时,发现一个厅堂式溶洞,溶洞分为左右两个连通的洞室,溶洞最大尺寸为长29m×宽66m×高62m,溶洞壁围岩较为完整,整体稳定性好,无明显危石,溶洞存在7个落水洞、1个消水洞,落水洞呈淋雨状出水,地表汇水面积为0.4万km²。掌子面围岩以中风化灰岩为主,呈中~厚层状构造,岩质较坚硬,岩体较完整,围岩稳定性较好,掌子面呈干燥状态,无掉块现象。溶洞平面位置及现场实际情况如图3-3-17、图3-3-18所示。

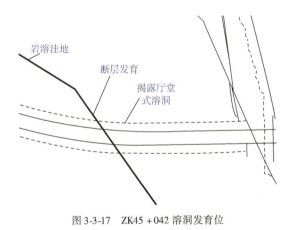

图3-3-17　ZK45+042溶洞发育位　　　　图3-3-18　出渣排险后溶洞外部轮廓

(二)原设计情况

该隧道采用小净距+分离式设计,左线起讫桩号ZK36+992~ZK38+728,全长1736m;右线起讫桩号K36+983~K38+735,全长1752m。主线主洞隧道建筑限界净宽:0.75m(左侧检修道)+0.75m(左侧向宽度)+3×3.75m(行车道)+1.00m(右侧向宽

度)+0.75m(右侧检修道)=14.50m;隧道紧急停车带建筑限界净宽:0.75m(左侧检修道)+0.75m(左侧向宽度)+3×3.75m(行车道)+1.00m(右侧向宽度)+3.00m(停车带宽度)+0.75m(右侧检修道)=17.50m;限界净高:5.00m;采用设计速度:100km/h。

(三)工程地质情况

据调查在ZK38+300左50m存在一高位岩溶洼地。ZK38+300左50m处洼地呈浑圆状,直径60m左右,底面高程704.6m,上覆薄层第四系溶蚀残余堆积层黏土,下伏石炭系灰岩,岩溶发育,洼地雨季起到消水作用。汇水面积约0.32km^2,流速19.8m/s。同时,该段围岩以中风化灰岩为主,呈中~厚层状构造,岩质较坚硬,岩体较破碎,岩层产状对隧道开挖不利,拱顶、洞壁易产生塌方、掉块,岩溶较发育。

(四)处治方案

2021年6月14日经建设单位、设计单位、监理单位、承包人四方现场勘察,并结合超前地质预报和超前水平钻孔资料,确定了处治方案,具体如下:

(1)先沿溶洞底部原有过水通道预埋ϕ1000mm钢波纹管,保留原有过水通道,管周围包裹混凝土厚度不小于2m。

(2)将溶洞侧面预埋的2根ϕ1000mm钢波纹管当作排水管,下口与消水洞连通,上口与过水管涵连通,与溶洞回填同步进行施工,管周围包裹混凝土厚度不小于2m。

(3)溶洞回填:下半部分空腔采用C15素混凝土回填,上半部分采用C15片石混凝土回填。

(4)当溶洞回填至高程620.07m时,施工ϕ2000mm钢波纹管过水管涵,横坡2%,连通排洪洞(入岩段采用排洪洞断面连通,钢波纹管深入岩段排洪洞2m搭接),使溶洞内水流入排洪洞内。

(5)当溶洞回填至衬砌底高程位置时,然后布设监控点,监控回填混凝土沉降速率,待数据稳定之后,再进行下一道工序施工。

(6)数据稳定之后,先施工60cm厚环形C20混凝土护拱,护拱内加设格栅钢架,间距60cm;施工护拱时,需要预埋轮胎缓冲层固定钢筋(ϕ22mm钢筋)和预留运营时的维护通道(断面采用人行横洞断面)。

(7)待护拱强度满足设计值后,施工轮胎缓冲层和护拱边墙外侧回填碎石(混10%水泥浆);然后铺设15cm厚泡沫板,作为缓冲层。

(8)可根据实际情况,加密防排水系统,然后铺设防水卷材;施工二次衬砌时,应在溶洞衬砌与暗洞衬砌之间设置变形缝,溶洞内衬砌应在施工缝处设置变形缝。

(9)在距离钢波纹管左侧末端1m位置,设置铁栅栏门一道;并在末端设置检修爬梯,通至溶洞底部平台(采用镀锌钢管设计,护栏高1.2m、爬梯宽度1m、台阶20cm×20cm)。

(10)在岩溶地质条件下,应在仰拱或者底板浇筑前,沿轴线采用物探探查基底下有无存在隐伏溶洞,若发现有溶洞发育,应根据顶板厚度及规模大小采取相应措施处治。

(11)加强监控量测和超前地质预报工作,及时跟进仰拱及二次衬砌施工。

(12)如有监控量测数据异常,及时撤离人员和机械,并报四方到现场重新制定方案。

(五)影像资料

溶洞施工过程中的现场照片如图3-3-19~图3-3-22所示。

图3-3-19 溶洞底部实况

图3-3-20 溶洞回填混凝土

图3-3-21 钢波纹管安装

图3-3-22 轮胎缓冲层安装

(六)处治效果

本方案通过溶洞回填混凝土、加强排水、密切结合监控量测及超前地质预报数据指导施工等措施,解决了穿越大型厅堂式溶洞的难题。隧道后期监控量测数据稳定,各项指标优良,该处治保证了结构稳固安全,达到了较好的效果。

第三节 "现浇梁跨越式"溶洞处治

一、案例背景

某隧道右洞从出口端向进口端掘进,2016年9月24日开挖至K77+892时,掌子面揭露特大型溶洞。经现场调查,溶洞纵向长约17m,宽15~30m,高72~74m;溶洞在隧道底部向左前方发展约80m,向左侧发展约70m,向右侧发展约30m,底部形成约8000m^{2}的大型溶腔;溶洞在隧道右侧上方可见5m左右漏斗,呈葫芦状向洞顶延伸;隧道顶部溶蚀裂缝及串珠状孔洞发育。雨季时,从隧道右侧上方向左侧可见较大流水。

由于处治方案较复杂、耗时较长,为加快工程进度,施工单位于2016年12月决定从左线ZK77+813增设车行横洞反向施工至溶洞口,同时从车行横洞位置往进口端方向继续掘进。2016年12月26日,开挖至K77+827处又揭露一特大溶洞,该溶洞与K77+892处溶洞相通。

二、原设计情况

本项目该隧道穿越峰丛山区,为分离式隧道,左线起讫桩号ZK75+875~ZK78+222,长度2447m,横断面为拱洞状,洞宽约12.5m,高约8.5m,设计隧道洞底高程409.73~468.31m,最大埋深366m;右线起讫桩号K75+875~K78+224,长度2449m,横断面为拱洞状,洞宽约12.5m,高约8.5m,设计隧道洞底高程409.74~468.34m,最大埋深360m;均属长隧道。该隧道右线K77+858~K77+895段原设计为V级围岩,按通用图SP进行支护,K77+895~K77+896段原设计为Ⅳ级围岩,按通用图S4-A进行支护,埋深约323m,属深埋段落。

三、工程地质情况

1. 水文地质

根据岩性和地下水赋存条件,工作区地下水主要为岩溶水,其次为基岩裂隙水二大类,局部分布第四系松散岩类孔隙水。其中,岩溶水又可分为碳酸盐岩裂隙溶洞水、有间夹层的碳酸盐岩溶洞裂隙水两个亚类。根据含水岩组及地下水的丰贫程度,区分为不同的富水等级。基岩裂隙水富水性等级的划分主要以泉流量和径流模数为依据。岩溶水富水性等级的划分依据是地下河和泉水流量,参考径流模数,并综合考虑岩性、构造、地貌、岩溶发育程度和补给条件等因素。

2. 地形地貌

工作区地貌主要为峰丛洼地地貌,进口一带为峰丛谷地地貌,两侧为中低山地貌,分述如下:

(1)峰丛洼地:由大量基座相连的簇状山峰及相间的洼地组成,地形起伏大,峰顶高程一般为800~900m,洼地高程一般为560~750m,相对高差120~350m。峰顶多呈塔状及脊形,山坡坡度多为40°~50°,局部为峭壁。洼地多呈圆形、椭圆形,坡脚较缓。深洼地中常发育消水洞、溶井等,而浅洼地则不明显。峰丛山体局部分布少量干溶洞。峰丛山体植被覆盖良好,洼地则多为旱地。

(2)峰丛谷地:分布少量峰丛,峰顶高程600~750m,谷地高程320~350m,相对高差250~400m。石峰呈塔状、脊状,坡度陡,局部为峭壁。谷地沿北北西向展布,宽120~300m,地形较平坦,地势东高西低,南高北低,发育有巴拉河,村屯分布于河流两侧,种植水稻、玉米等。

(3)中低山地貌:峰顶高程790~1000m,谷底高程350~500m,山坡陡峻,山坡坡度一般为25°~45°。地形切割深度大于500m。残坡积层薄,基岩露头随处可见。沟谷深切,呈"V"字形,坡度大于50‰。

3. 地层岩性

工作区及附近出露的地层主要为石炭系、二叠系及三叠系,斜坡及局部沟谷和洼地上覆第四系(Q)。丘莫隧道穿越石炭系中统(C_2)、石炭系上统(C_3)、二叠系栖霞阶

(P1q)及二叠系茅口阶(P1m)地层,洞身段岩性主要为中厚层状白云岩,岩质纯,进出口附近为灰岩、白云质灰岩,底部白云岩。

四、处治方案

针对两处溶洞,建设单位要求设计单位详细勘察,查清地质情况。设计单位于2017年5月完成地质勘察并递交两处溶洞处治初步方案。建设单位组织有关专家、设计单位、总监办、施工单位现场踏勘并于2017年5月27日召开了K77+827及K77+892两处溶洞治理方案专家评审会,初步确定了K77+892溶洞设梁桥跨越溶洞方案。

2017年8月,施工单位完成K77+827处溶洞治理;2017年9月,设计单位完成桥台位置钻孔勘察并出具地勘报告,建设单位组织设计、监理、施工单位、相关专家多次现场勘察研讨K77+892处溶洞处治方案,最终确定在K77+858~K77+896段采用1~37m预应力混凝土现浇箱梁桥跨越该溶洞,桥梁全长38m,为当时国内高速公路里隧道溶洞桥单孔的最大跨径。该桥桥面宽度为:1.8m(隧道基础梁)+0.02m(变形缝)+9.54m(行车道现浇梁)+0.02m(变形缝)+1.8m(隧道基础梁)。梁体强度达到100%以上后方可进行二次衬砌施工,桥台大小桩号处各施作6m双层二次衬砌,跨中为单层二次衬砌,待二次衬砌施工完成后,再施工桥面铺装。溶洞桥跨中处横断面及桥台处横断面如图3-3-23、图3-3-24所示。

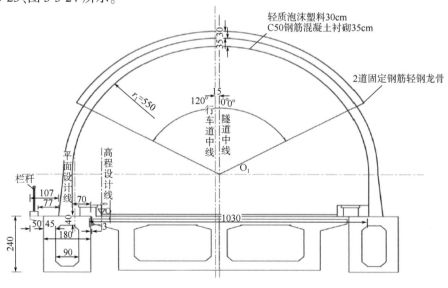

图3-3-23 跨中处横断面(尺寸单位:cm)

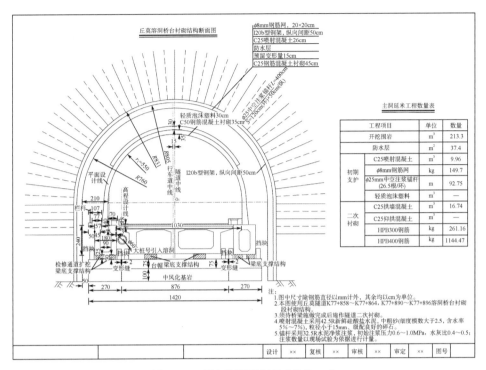

图 3-3-24 桥台处横断面(尺寸单位:cm)

该案例在施作现浇梁之前,需要跨越溶洞施作贝雷片作为支架。溶洞桥内贝雷片的架设是一项重难点,危险系数大,技术难度高。溶洞桥布设9组三排单层加强型贝雷片,衬砌基础梁下各布置两组,现浇箱梁下布置五组。贝雷片上用32号的槽钢仰铺作为横梁,槽钢与贝雷片采用U形螺栓连接。贝雷片在洞外拼装完成后拖至洞内,贝雷片下放置滚筒形成行走系统,滚筒采用直径50mm实心钢棒。拼装长度为30m,以每组(三排单层)为单元进行安装。采用拖拉与纵(横)移方式进行贝雷组梁的架设,拖拉牵引动力为5t的卷扬机,放置在小桩号侧,起吊系统采用型钢作为支架,支架下采用铰接连接,两边分别采用2道钢丝绳进行固定,其上设置2组滑轮对梁组进行牵引或提升,同时在大桩号侧设置门字形导向支架,支架下放置3cm厚的钢板,与导向支架焊接固定,导向支架和小桩号支架上设置2道φ16mm的钢丝绳来作为纵移轨道,贝雷片组最前端通过2个手拉葫芦与2道钢丝绳固定,制动系统通过滑轮设置在开挖台架上。制动系统由3个滑轮和1个制动装置和钢丝绳构成,制动装置焊接在开挖台架上,3个滑轮中1个设置在导向架上,2个设置在贝雷片组的两侧。贝雷片安装施工如图3-3-25、图3-3-26所示。

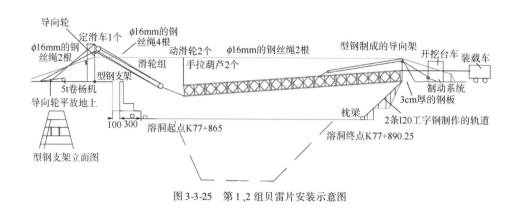

图 3-3-25　第 1、2 组贝雷片安装示意图

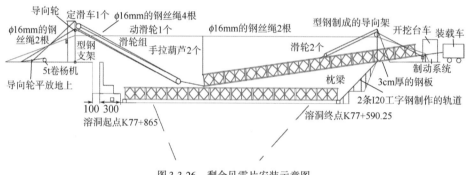

图 3-3-26　剩余贝雷片安装示意图

为了保证安全,在下放时用装载机在后面拉住,制动系统、装载车和贝雷片前移采用同一速度。贝雷组在下放前通过 8t 的手动葫芦来左右移动,通过装载机及刹车系统下放贝雷片组至枕梁上,第一组贝雷片安装完成后,在其弦杆上满铺 3mm 的钢板作为人行通道,同时两边设置 2 道细钢丝绳作为扶手,第二组贝雷片采用第一组的贝雷片安装方式进行,为了更加安全地操作,在第三组贝雷片安装时,增加了一道保险方式,用前两组安装的贝雷片作为纵移轨道,在第三组贝雷片端头设置 2 个滚筒,滚筒分别在两组贝雷片上滚动,其他组贝雷片通过纵移轨道跨越溶洞,横移及微调通过手拉葫芦来调整,方可完成全部贝雷片架设。

五、影像资料

溶洞桥及隧道二次衬砌施工过程中的现场照片如图 3-3-27 ~ 图 3-3-49 所示。

图 3-3-27　测量放样

图 3-3-28　桥台扩挖

图 3-3-29　枕梁施工

图 3-3-30　贝雷片纵移安装

图 3-3-31　贝雷片组横移

图 3-3-32　贝雷片组纵移完成

图 3-3-33　钢便桥搭设

图 3-3-34　溶洞两侧扩挖处理

图 3-3-35　钢便桥拆除

图 3-3-36　贝雷片组横移

图 3-3-37　贝雷片组横向连接

图 3-3-38　槽钢安装及桥台基底清理

图 3-3-39　扩大基础施工

图 3-3-40　台帽施工

图 3-3-41　钢管支架搭设

图 3-3-42　顶托调整及安装横向工字钢

图 3-3-43　采用水袋预压

图 3-3-44　行车道梁钢筋绑扎

图 3-3-45　行车道梁混凝土浇筑

图 3-3-46　现浇梁施工完成照片

图 3-3-47　洞顶爆破施工

图 3-3-48　二次衬砌施工

图 3-3-49　通车后照片

六、处治效果

本方案成功解决了岩溶强发育区隧道穿越大型溶洞的难题。现浇梁跨越溶洞后，在两侧行车道基础梁施作二次衬砌，使桥梁与隧道结构完美结合。桥梁及隧道结构稳定安全，各项指标验收结果优良，内实外美，达到了经济合理、安全适用、提高工程质量、缩短工期、降低成本的目标。

第四章

CHAPTER 04

其他

第一节 隧道洞内基底软基处治

一、案例背景

2014年4月,建设单位、总包单位、分包单位、设计单位各方代表,对某隧道右洞 YBK101+232~YBK101+350 和左洞 ZBK101+238~ZBK101+340 进行现场勘察,发现该段初期支护出现不同程度的变形,部分区域出现拉裂的现象。根据监测结果,拱顶下沉较大,最大沉降约 39cm(已侵入二次衬砌空间),拱腰拱架曲折,出现不同程度的收敛,采取临时措施后,尚未有稳定的趋势。

后经设计院现场钻探勘察及调查,发现该段隧道基底为溶洞软弱填充物,主要填充软塑~可塑状黏土夹块石及稍密状砂砾等,软弱层压缩模量小,深度大,其一般深度在 20m 左右。

二、原设计情况

该隧道设计为分离式长隧道,隧道左线起讫桩号 ZBK100+085~ZBK102+465,设计长度为 2380.00m,隧道右线起讫桩号 YBK100+105~YBK102+495,设计长度为 2390.00m,纵坡按照下坡方式设计,左线最大埋深约 263.43m,右线最大埋深约 225.89m。

地质调查及区域地质资料显示,隧道区无构造断裂带分布,区域地质稳定。隧道区局部节理裂隙发育,岩体破碎。ZBK101+238~ZBK101+340 段和 YBK101+232~YBK101+350 原设计为Ⅲ级围岩,衬砌类型为 S3,设计无超前支护,二次衬砌采用 C25 混凝土,厚度 35cm。

三、工程地质情况

1. 地形地貌

隧道穿越连绵山体,山体较陡。隧道区除进口端有薄层第四系残坡积层外,基岩多裸露,地表植被不发育,主要为灌木等。在隧道出口端西侧约100m处有一正施工中的引水隧洞,引水隧洞走向约28°,该隧洞的高程约位于隧道出口端路基设计高程之下28~30m。

2. 地层岩性

钻探揭露,隧道洞身基岩为中风化灰岩。岩质较硬,岩体节理裂隙发育,多呈张开状;岩溶十分发育,各钻孔均揭露溶洞,遇洞率100%,且溶洞深度大,主要充填软塑状黏土夹块石及稍密状砾砂等。

3. 水文地质

勘察区内地表水不发育,地下水主要为第四系孔隙水和基岩裂隙水,主要接受大气降水及附近山体地表水补给,地下水多被疏导至地下暗河中。钻探揭示,地下水位与仰拱底高程持平。

4. 不良地质

隧道左洞 ZBK101+238~ZBK101+340 段、右洞 YBK101+232~YBK101+350 段不良地质为溶洞,基底为溶洞软弱充填物,主要充填软塑状黏土夹块石及稍密状砾砂等,钻探从隧道仰拱处开始揭露溶洞,其一般深度在20m左右,局部达26m。

四、处治方案

隧道基底溶洞充填物主要由软塑状黏土夹块石及稍密状砾砂组成,属于软土路基,分布范围广,厚度大,平均厚度约20m,工程力学性质差,需进行加固处理。

由于树根桩处治具有后压浆施工,能较大程度地提高孔周围岩土的性能,利于形成复合地基,效果好;可以分段施工,有利于减小对原有岩土体的扰动;施工设备体积小,有利于在隧道狭小空间操作;具有施工速度较快、相对经济等优势,最终确定采用树根桩进行处治。具体设计参数如下。

（1）取消该段原设计的仰拱部分，以及仰拱内的 I18 型钢和 C25 喷射混凝土。在溶洞范围左洞 ZBK101+238～ZBK101+340 段、右洞 YBK101+232～YBK101+350 段隧道底部设置桩径为 20cm 的钢筋混凝土树根桩，桩身混凝土强度为 C25，呈等边三角形布置。按隧道横断面中线附近的中间区，桩距 90cm；隧道拱脚处附近的边墙区，桩距 50cm。中间区与边墙区之间为近中区，桩距 80cm。桩顶设置钢筋混凝土桩帽，最小厚度 50cm（隧道中心处）。桩帽底部桩间为 30cm 厚级配碎石垫层。实际桩长是变化的，以桩底入岩 50cm 为准。树根桩设计及布孔情况见图 3-4-1、图 3-4-2 所示。

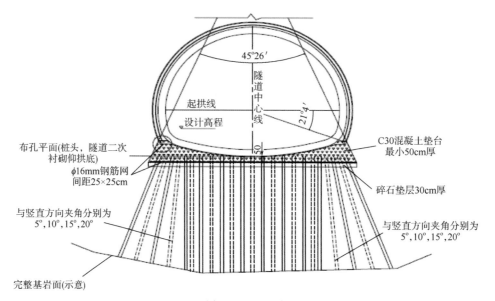

图 3-4-1 立面图

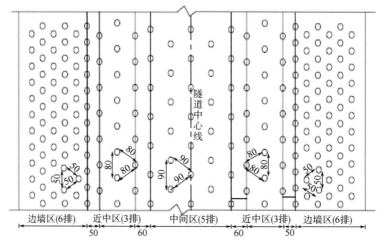

图 3-4-2 布孔平面图（尺寸单位：cm）

(2)采用I16工字钢纵梁连接所有的初期支护拱架的拱脚,工字钢底部采用220mm×10mm钢板连接。拱脚工字钢及钢板连接图如图3-4-3所示。

五、影像资料

溶洞内树根桩施工过程中的现场照片如图3-4-4～图3-4-8所示。

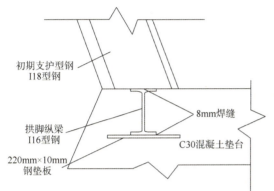

图3-4-3 拱脚工字钢及钢板连接图

图3-4-4 树根桩钻孔

图3-4-5 树根桩成孔

图3-4-6 钢筋笼安装

图3-4-7 树根桩注浆

图3-4-8 软基处理试验段试验检测

六、处治效果

由于树根桩为刚性桩,施工速度快,对围岩扰动小,使隧道迅速通过了软弱地基段落。通过在树根桩加固段与其他段落采取加大垫台、设置垫层等措施避免了隧道内不均匀沉降、衬砌开裂、渗漏水等问题。

该隧道树根桩施工前进行了 YBK101+232～YBK101+244 段软基处理的试验段,试验段完工以后进行了桩身完整性、单桩承载力和复合地基承载力试验。经检测,各项指标均满足设计要求。

通过后期跟踪监测观察,该段地基沉降数据和围岩变形较小,均符合规范要求。

第二节 隧道穿越地表天坑溶洞处治

一、案例背景

广西某高速公路隧道为分离式隧道,左线里程桩号为 ZK15+805～ZK16+223,全长 418m;右线里程桩号为 K15+876～K16+247,全长 371m,均属短隧道。隧道左洞开挖至 ZK15+962 时,掌子面右侧拱腰及拱顶揭露硬塑状溶洞填充物,溶洞填充物夹有孤石,最大的孤石直径约 1m,溶洞填充物往右侧及上部发育。掌子面开挖扰动后,右侧拱腰溶洞填充物及孤石出现滑塌;掌子面左侧为中风化基岩,溶蚀裂隙发育,岩体破碎,地下水不发育。隧道内溶洞情况如图 3-4-9、图 3-4-10 所示。

图 3-4-9 隧道内溶洞照片

图 3-4-10 隧道内溶洞填充物

现场航拍资料显示,该天坑内发育有植被,天坑周边为陡壁,坑内发育有泥质溶洞填充物与大块孤石,地表降雨会集中汇聚于此,但坑内地下水不发育,推测存在远离隧道线位的地下水主排泄通道。隧道洞外地表情况如图 3-4-11~图 3-4-13 所示。

图 3-4-11　地表塌坑俯视照片

图 3-4-12　地表塌坑照片

图 3-4-13　地表塌坑测量位置

隧道洞外地表塌坑位置信息情况见表 3-4-1。

地表塌坑位置　　　　　　　　　　表 3-4-1

点号	高程(cm)	里程桩号	偏距	隧中偏距	拱顶高程	测点高程与设计拱顶高差
1	909.342	ZK15+967.221	-0.001	7.554	841.51	67.832
2	918.345	ZK15+960.905	-21.676	-14.121	841.459	76.886
3	939.531	ZK15+936.401	-42.345	-34.790	840.928	98.603
4	966.34	ZK15+913.422	-26.514	-18.959	841.156	125.184
5	969.24	ZK15+910.876	9.314	16.869	841.149	128.091
6	938.542	ZK15+932.141	39.943	47.498	841.25	97.292
7	926.386	ZK15+946.934	13.241	20.796	841.341	85.045
8	—	ZK15+941.381	-14.293	-6.738	841.295	—

二、原设计情况

该隧道左洞 ZK15+940～ZK16+130 段原设计为Ⅲ级围岩,对应衬砌类型为 S3-A,该处隧道最大埋深约 100m。施工图详勘地质报告表明,该处围岩为中风化灰岩,呈厚层状构造,岩质较坚硬,岩体较完整,局部溶蚀裂隙稍发育。洞体地下水呈潮湿或点滴状出水为主,局部岩溶裂隙发育区呈淋雨状或涌流状出水,雨季地表雨水易沿岩溶垂直裂隙通道渗入洞体。

三、工程地质情况

1. 水文地质

隧道区内地下水主要接受大气降水垂直入渗补给,隧道洞身设计路面高程为 855～860m,设计高程较高,远高于地下河出口高程的 500m;地表径流排泄条件好,雨季地表水通过溶沟、溶蚀洼地、岩溶漏斗、落水洞向下入渗补给,溶蚀洼地、岩溶漏斗和落水洞直接与地下河相连,且上下连通性较好,成为地表水向地下河补给通道,形成强透水带,沿石炭系上统黄龙组(C_2h_1)灰岩溶蚀裂隙、落水洞、洼地向唯一的排泄口——地下河出口排泄。

2. 地形地貌

隧道区属构造峰丛洼地地貌,山体连绵起伏,地形起伏极大,地形地貌主要受地层岩性及地质构造控制,山脉走向多呈南北向,与区域构造线走向、隧道走向基本一致。总体地势北高南低,地面高程在 798.0～1030.0m 之间,相对高差达 232.00m,落差较大。隧道进出口路段基岩裸露,基本无第四系覆盖层,植被茂密,附近 2.0km 范围无人居住,无农田及旱地,坡度为 25°～45°,最陡处达 70°。

3. 地层岩性

根据物探、钻探及工程地质测绘,隧道沿线基岩裸露,地层为石炭系中统黄龙组(C_2h_1)灰岩。

4. 构造条件

根据区域地质及物探资料,隧道洞身断裂构造不发育,隧道范围内未发现有断裂发育,区域稳定性较好。

四、处治方案

针对该隧道左线 ZK15+962～ZK15+920 段穿越地表天坑溶洞情况,建设单位于 2021 年 10 月 28 日组织召开处治方案专家评审会,由施工单位和设计单位代表对现场情况和处治方案进行汇报。最后根据专家对设计单位提出的技术方案进行了细致的研究和讨论,最终形成处治方案如下:

(1)超前支护采用 ϕ108mm 洞内管棚(壁厚 6～8mm)+ϕ50mm×5mm 超前小导管。要求严格控制超前支护的打设角度、环向间距、注浆工艺和参数,管棚内应插入钢筋笼,注完水泥浆后用 M30 水泥砂浆填充钢管,采用跟管钻进工艺,管棚可分多个循环打设,每次搭接长度不小于 3m。

(2)加强溶洞段衬砌支护参数(初期支护型钢为 I22b 工字钢、纵向间距为 50cm;二次衬砌厚度为 65cm、环向主筋 ϕ25mm@15cm),并采用单侧壁导坑开挖工法进行掘进。待超前支护做完后,先开挖左侧导坑,采用弱爆破施工,尽可能减少爆破对上方溶洞填充物的影响,及时施作临时仰拱将初期支护封闭成环。溶洞段左侧导坑断面往前掘进一个循环管棚长度后再施工右侧导坑断面。

(3)上部钢架落脚基础部位必须在清除虚渣后将钢架脚部钢板安放在密实基岩上或临时使用纵向槽钢垫底,切实做好拱架之间的纵向连接,每节钢架端头纵向设置 I14 型钢以增强钢架的纵向连接稳定性。

(4)加强溶洞段锁脚支护措施。结合钻孔资料和现场实际情况,要求右侧(溶洞侧)中、下台阶采用 ϕ108mm 大钢管进行锁脚(跟管钻进工艺),长 7m 或嵌岩 2m,钢管内应插入钢筋笼,注完水泥浆后用 M30 水泥砂浆填充钢管。

(5)该溶洞段下台阶开挖时,严禁初期支护钢架两侧拱脚同时悬空,且每循环进尺不得超过 2 榀。

(6)为给隧道运营期增加排水富余度,于隧道 ZK15+962～ZK15+805 段最右侧车道增设中央排水沟(宽80cm、深70cm);隧道两侧边墙脚部设置泄水孔,加密环向盲管及横向导水管的布设间距。

(7)溶洞处治过程中,须加强监控量测工作,加大监控量测频率,每天不少于2次,及时反馈监控量测数据,必要时根据监测结果进一步加强支护参数。

(8)对于该溶洞处治,各方还需严格遵守以下注意事项:

①施工单位应根据处治技术方案,提前对相关施工技术人员和劳务队切实做好安全和技术交底。

②该隧道洞口出洞前,应提前做好进口端管棚施工、洞口偏压挡土墙等准备工作。

③严格按照规范要求,控制好隧道施工安全步距和每循环开挖进尺,不得冒进。要求仰拱及二次衬砌必须紧跟掌子面,仰拱每循环开挖长度为3m,二次衬砌每循环浇筑长度为6m。

④施工过程中拱顶如果发现有空腔,应及时泵送混凝土将其回填密实或利用喷射混凝土将空腔喷密实。

⑤监理单位应加强施工质量和安全风险的监管。敦促施工单位严格按照处治方案要求,做好洞内超前支护、初期支护、锁脚支护等措施,严格管控施工质量;做好危险预警工作并提前做好应急预案措施,若有异常情况,应立即撤离人员机械并上报相关责任方。

五、影像资料

施工处治过程中、处治完成后的相关现场照片如图3-4-14～图3-4-21所示。

图3-4-14 溶洞填充物滑塌情况

图3-4-15 掌子面洞渣反压回填

图 3-4-16　超前水平钻探作业

图 3-4-17　洞内管棚施工情况

图 3-4-18　大钢管锁脚施工

图 3-4-19　临时仰拱施工

图 3-4-20　注浆加固效果

图 3-4-21　处理完成效果照片

六、处治效果

按照处治方案实施后,通过监控量测观察发现初期支护变形基本稳定,且呈收敛趋势。截至 2022 年 7 月,该段二次衬砌无渗漏水现象,混凝土无质量问题。

第三节　隧道填充型溶洞处治

一、隧道填充型溶洞处治案例一

(一)案例背景

某隧道区属岩溶峰丛洼地地貌,隧道区内存在 2 个岩溶管道(地下暗河),与该隧道斜交,在 K6+920、K7+840 处存在地下河出口。隧道围岩主要为灰岩,岩体较破碎~较完整,岩体较坚硬。进出洞口段围岩以中风化较破碎岩为主,洞身段以中风化较破碎~较完整岩为主。隧道中部岩体为中风化灰岩,岩质较坚硬,局部溶蚀裂隙稍发育,岩体较破碎~较完整。洞身穿越褶皱核部地段围岩岩体较破碎,节理裂隙较发育,洞壁易产生掉块、冒顶及小塌方等不良工程地质现象。2021 年 8 月 31 日,隧道右线进口端掘进至 K6+930 时,揭露出来的掌子面拱腰位置出现不规则溶洞,溶洞纵向贯穿右洞隧址并向右上方延伸至拱顶轮廓线外,同时向左洞延伸,纵向长度约 36.61m、宽度 4.75~12m 不等,高 7~8m 不等,溶洞内充填有可塑状粉质黏土。溶洞平面位置及现场情况如图 3-4-22~图 3-4-24 所示。

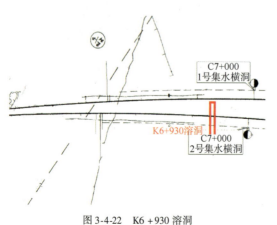

图 3-4-22　K6+930 溶洞

图 3-4-23　K6+930 溶洞现场图

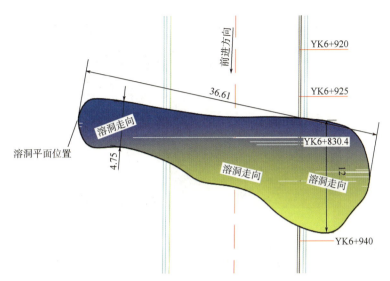

图 3-4-24　K6+930 溶洞平面图(尺寸单位:m)

(二)原设计情况

该隧道设计为双洞分离式长隧道。隧道左洞起讫桩号 ZK6+740~ZK9+495,设计长度为 2755.00m,进、出口隧道路面设计高程分别为 419.92m、359.09m,最大埋深约 549.55m;隧道右洞起讫桩号 K6+735~K9+490,设计长度为 2755.00m,进、出口隧道路面设计高程分别为 420.27m、359.37m,最大埋深约 549.13m。

(三)工程地质情况

(1)设计图纸地质情况描述:K6+930~K6+940 段围岩为中风化灰岩,岩溶弱~中等发育,岩溶形态以溶蚀裂隙、岩洞为主,隧洞围岩岩体总体较完整,局部地段较破碎,可能出现掉块、崩塌现象,应进行动态设计。岩溶以纵深溶蚀裂隙、囊状岩溶溶腔为主。位于稳定地下水水位之上,但处于垂直入渗带中,以潮湿或点滴状出水为主。

(2)超前地质预报检测报告围岩描述:K6+930~K6+960 段围岩主要为黏土及中风化灰岩,灰岩岩质较坚硬,岩体破碎,岩体整体富水性一般,节理裂隙发育,掌子面前方围岩发育有中小型前后叠置的串状溶洞或溶蚀裂隙,围岩自稳能力差。

(3)现场实际地质情况:岩质较坚硬,岩体破碎,岩层夹杂黄黏土,溶洞内石笋表面呈水滴状、洞内石笋有脱落现象。K6+930 掌子面围岩及溶洞现场实际情况如图 3-4-25~图 3-4-27 所示。

图 3-4-25　K6+930 掌子面围岩照片

图 3-4-26　K6+930 溶洞内照片

图 3-4-27　K6+930 溶洞照片

(四) 处治方案

2021 年 9 月 1 日,建设单位、设计单位、监理单位、施工单位四方进行现场踏勘。经过四方研讨,并结合第三方超前地质预报和超前水平钻记录表,确定了该段溶洞处治方案,如图 3-4-28 所示。

具体处理方案如下:

(1) 对溶洞影响范围内的支护进行加强,将 K6+930~K6+940 段 S3-A 型衬砌支护调整为 S5-A 型衬砌支护,由 H12×15 格栅钢架改为采用纵向间距 0.65m 的 I22 型钢钢拱架的支护方式。

(2) 从隧道测线开始向溶洞方向设置长 10m、宽 5m、高 3m 集水横洞,距测线 3m 增设高 2m、宽 1m 的 C20 混凝土拦水墙,长度以现场溶洞实际宽度为准;在拦水墙与隧道洞身间合理位置设置横向排水管将水引排至纵向盲沟内。

(3) 在隧道洞身范围外的溶洞采用 C20 泵送填充,并在溶洞堵头下方采用 φ2000mm 钢波纹管做排水引流,长度约 50m,埋设过仰拱底部下方 2m 处,钢波纹管四周采用 1m 厚的 C15 混凝土护壁。

(4) 仰拱位置采用 1m 厚的 C35 钢筋混凝土盖板,纵向铺设长度 24m,宽度 5m,沿纵向两侧落在基石上的搭接长度不小于 2m。

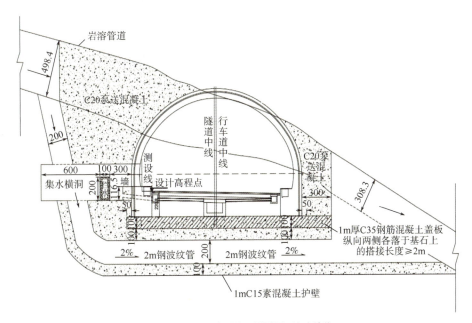

图 3-4-28　K6+930 溶洞处理设计图(尺寸单位:cm)

(五) 影像资料

施工处治过程中的相关现场照片如图 3-4-29~图 3-4-31 所示。

图 3-4-29　K6+930 溶洞现场照片

图 3-4-30　K6+930 溶洞处理前现场照片

图 3-4-31　K6+930 溶洞处理现场照片

(六) 处治效果

该隧道在后续施工中,根据监控量测数据,溶洞段水系正常,洞内沉降等数据均在允许范围内。因此,当隧道遭遇空腔或溶洞时,应加强该段落的衬砌支护,加强监控量测工程,并保证监控量测数据的准确性、及时性,对监控量测的数据进行合理分析后才可继续进一步施工。同时,在填充层内施作排水系统,使之与围岩原过水通道相连,将围岩地下水通过排水系统引入中央排水沟或者主线轮廓线外的溶洞排出,确保溶洞内不积水、无承压水。

二、隧道填充型溶洞处治案例二

(一) 案例背景

2021 年 7 月 23 日,某隧道右洞上台阶施工至桩号 K91+410 处,该里程设计为Ⅳ级围岩。实际现场围岩发生突变,掌子面左半幅以及洞身左侧开挖线以外出现黏土层,中间夹杂岩体,数量较大,且岩体较破碎。根据 K91+404~K91+414 超前地质预报揭示"掌子面前方 0~10m 范围内岩溶向前发育,围岩裂隙发育,岩体破碎,层间结合差,填充有软弱夹泥层;15~30m 范围内围岩节理裂隙发育,岩体破碎,其中右侧发育有填充性岩溶,存在软弱夹层"。2021 年 7 月 24 日,隧道施工至掌子面里程桩号 K91+414 处,隧道左侧拱腰处出现泥土夹层(与地质预报描述位置存在松散夹层位置一致),黏土层围岩相对较稳定,未发生坍塌现象;2021 年 7 月 28 日,施工现场按照设计图"拱腰以上大溶洞处治措施"方案处理已通过岩溶区;2021年7月28日晚,受急降雨影响,本段岩溶区初期支护明显下沉开裂,部分初期支护结构坍塌,隧道内明显可见初期支护下沉50~100cm,现场停止隧道作业,立即邀请建设单位、设计单位、监理单位确定处治措施,并对下沉侧进行临时加固;2021年8月4日,该溶洞处再次出现掉块,掉块为长约3m、宽高均约1.5m的块石,直接将本处初期支护压垮。具体现场处治变化过程情况如图3-4-32所示。

a)2021年7月23日

b)2021年7月28日

c)2021年8月4日

图3-4-32 K91+404~K91+414左侧初期支护变化过程

(二)原设计情况

该隧道右线起讫桩号为K86+190~K91+494,设计全长5304m,采用小净距+分离式布置形式,进出口洞门采用端墙式。K91+404~K91+414段设计为Ⅳ级围岩,隧道埋深57~75m,采用XS4-B型衬砌结构支护,主要为Ⅰ18工字钢钢拱架,纵向间距1.0m;ϕ8mm钢筋网,网格间距20cm×20cm;喷射C25混凝土厚24cm。超前支护类型为ϕ50mm超前小导管,单根长度4.5m,环向间距40cm。

(三)工程地质情况

溶洞内填充黏土层,中间夹杂岩体,数量较大,且岩体较破碎,岩溶向前发育,围岩裂隙发育,岩体破碎,层间结合差,填充有软弱夹泥层。掌子面围岩实际情况及溶洞现场情况如图 3-4-33 ~ 图 3-4-35 所示。

图 3-4-33　K91+404 地质情况

图 3-4-34　K91+414 地质情况

图 3-4-35　K91+404 ~ K91+414 地质情况

(四)处治方案

1. 总体施工方案

根据建设单位、设计、监理、施工单位现场勘察结果,现场实际情况、超前地质预报数据,经四方协商,确定将该溶洞所处Ⅳ级围岩 XS4-B 型衬砌结构变更为 XS5-A 型,对下沉开裂区域初期支护结构更换为钢拱架,两端为开裂区域进行锁脚加固,溶洞内清除淤泥等填充物,周边岩壁采用喷射混凝土 + 打设 ϕ108mm 钢管的方式进行加固;对初期支护以外溶洞 1m 范围内设置四层 ϕ22mm 钢筋网,同时埋设混凝土泵送管道,分两次喷射混凝土，完成对溶洞的首次回填，待混凝土强度满足设计要求时，再进行初期支护钢拱架的拆除、更换及混凝土的喷射作业。当初期支护仰拱成环后混凝土强度满足施工要求时，采用泵送轻质混凝土的方式完成溶洞内剩余回填混凝土的施工，提高隧道洞身整体强度。

2. 工艺流程

加固未损坏初期支护锁脚→设置临时钢支撑→溶洞内喷射混凝土→清除洞内填充物→溶洞内打设锚杆、安装钢筋网→溶洞内回填混凝土（第一次）→拆除、更换初期支护拱架→喷射混凝土→沉降监测→初期支护仰拱成环后溶洞内回填混凝土（第二次）。

3. 施工方法

（1）非下沉段加强。

施工前，由测量人员对初期支护下沉段两端以外的初期支护结构进行外观检查，采用全站仪测量初期支护断面尺寸，确保该范围初期支护结构无位移、下沉、开裂，断面尺寸满足施工要求。

根据溶洞处治方案，对初期支护下沉开裂两端以外 3m 范围内的初期支护结构采用增加锁脚锚杆的方式进行加固。锚杆采用 22mm 药卷锚杆，长度 3.0m，打设角度为30°，沿钢拱架拱脚搭设，每榀钢拱架设置两根锚杆。初期支护拱架锁脚加固设计如图 3-4-36 所示。

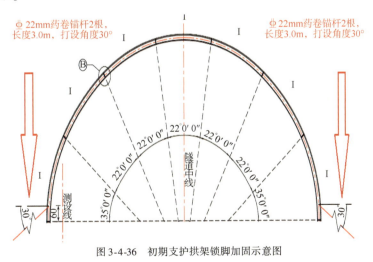

图 3-4-36 初期支护拱架锁脚加固示意图

(2)下沉段加固。

为确保 K91+404~K91+414 下沉段钢拱架的稳定性,对每榀钢拱架每节段连接处设置Ⅰ18工字钢立柱进行临时支护加强,坍塌处钢拱架悬空段设置双拼Ⅰ18工字钢加固,降低该部分初期支护整体坍塌的可能性,为下一步溶洞清理、加固提供保障。

(3)溶洞清理、加固。

临时钢支撑加固完成后,利用挖掘机清除溶洞内淤泥、松散岩体等杂物。采用湿喷机械手向溶洞内岩壁喷射 C25 混凝土进行加固,厚度不小于 5cm,待喷射混凝土强度满足施工要求后,沿溶洞周边岩壁打设 ϕ108mm×6mm 无缝钢管,钢管最小长度 3.5m,深入岩体长度须≥1.5m,间距为 1.2m×1.2m。

(4)溶洞内钢筋网安装、回填混凝土。

溶洞内回填混凝土的施工分两次进行,第一次采用喷射混凝土的方式完成初期支护以外 1.0m 范围内的混凝土回填,待首次回填及初期支护更换及仰拱闭合成环后,再通过提前预埋的泵送管道,完成溶洞内剩余 2.0m 范围的回填施工。

对初期支护钢拱架以外 1.0m 回填范围内设置四层 22 钢筋网,网格间距 0.2m×0.2m,每层钢筋网间距 0.25m,分两次安装、喷射完成。首先安装两层 22mm 钢筋网,网格间距0.2m×0.2m,钢筋网端部深入岩体≥0.5m,采用湿喷机械手进行混凝土喷射作业,喷射厚度为 0.5m,待混凝土强度满足要求后,再进行剩余 0.5m 混凝土喷射作业。通过两次混凝土喷射完成对溶洞内 1.0m 范围内的混凝土回填。

根据溶洞所处位置及大小,在回填喷射混凝土施工时,应提前预埋溶洞回填混凝土泵送管以及排水管,排水管采用 ϕ300mm 钢波纹管,每 2.0m 一道,排水管顶端须露出溶洞内回填混凝土以外,底端与隧道环向排水盲管相连,将溶洞内给水引排至隧道排水系统中。

当首次回填混凝土以及初期支护结构施工完成,初期支护仰拱封闭成环后,再进行剩余 2.0m 范围混凝土的回填施工,采用泵送的方式,通过预埋泵送管道进行回填作业,施工过程中,应加强对初期支护结构的沉降监测。

(5)初期支护钢拱架拆除、更换。

当溶洞内加固、回填完成后,对下沉段钢拱架按要求进行逐榀拆除,每拆除一榀钢拱架,立即进行新钢拱架的安装,同时按设计要求搭设锁脚锚管。根据处理方案要求,K91+404~K91+414 段由原设计 XS4-B 型衬砌变更为 XS5-A 型衬砌,变更后初支结构采用I22b工字钢拱架,间距0.6m,ϕ8mm双层钢筋网,网格间距0.2m×0.2m,C25喷射混凝土厚度28cm。

钢架拆除前,应对下沉初期支护结构及临时钢支撑进行沉降监测,当初期支护结构沉降速率稳定后,再进行钢拱架拆除作业。拆除过程中,设置专人对初期支护结构进行监控,测量仪器进行不间断监测,发现问题,立即停止作业,确保作业人员的人身安全,防止出现安全事故。

(6)喷射混凝土。

现场施工过程中,每循环进尺不得大于1.8m,即每更换3榀钢拱架,进行一次C25混凝土喷射作业,采用湿喷机械手进行喷射,喷射混凝土外观应平整,无钢拱架印迹,且满足施工规范要求。混凝土喷射完成后,立即安排测量人员对已完成部分初期支护结构进行沉降监测,加强观测频率,及时记录相关数据,并进行分析、整理。

(7)监控量测。

①监测频率。

针对隧道右洞K91+404~K91+494段实际情况,结合施工设计中监控量测的具体要求,对该段初期支护结构每天观测3次,当遇天气变化特别是极端天气情况时应实时观察。同时应检查周边位移的量测频率,并与量测频率进行比较,然后取较大值。施工状态发生变化时(开挖下台阶、仰拱或撤除临时支护),应增加监测频率。具体量测频率见表3-4-2~表3-4-4。

隧道拱顶下沉量测频率　　　　　　　　　　　　　　表3-4-2

量测时间段	量测频率	备注
1~15d	1次/d	量测频率根据围岩实际位移速度作适当修改
16d~1个月	1次/2d	
1~3个月	1~2次/周	
>3个月	1~3次/月	

按测点距开挖面距离的量测频率　　　　　　　　　　表3-4-3

监控量测断面距开挖面距离(m)	监控量测频率(次/d)
(0~1)B	2
(1~2)B	1
(2~5)B	1/(2~3)
>5B	1/7

注:B为隧道开挖宽度。

按位移速度的量测频率　　　　　　　　　表 3-4-4

位移速度(mm/d)	监控量测频率(次/d)
≥5	2
1~5	1
0.5~1	1/(2~3)
0.2~0.5	1/3
<0.2	1/7

②监测方法。

按设计要求在洞身初期支护的拱顶及两端拱脚共设 3 个锚桩粘贴反光片,条件允许时,可用稳固的膨胀螺栓固定,并在外部保护套上粘贴反光片,采用全站仪进行量测。

③测点布置。

根据本段洞身实际情况,在溶洞段前后各 10m 范围内,每 5m 布置一个量测断面,遇特殊情况加密。

④工作流程。

监控量测数据在断面测点布设好之后即可采集,拱顶下沉、收敛量测起始读数宜在 3~6h 内完成,其他量测应在每次开挖后 12h 内取得起始读数,最迟不得大于 24h,且在下一个循环开挖前必须完成。

在取得监测数据后,及时由专业监测人员整理分析。结合围岩、支护受力及变形情况,进行分析判断,将实测值与允许值进行比较,及时绘制各种变形或应力-时间关系曲线,预测变形发展趋向及围岩和隧道结构的安全状况,并将结果反馈给建设单位、设计、监理及施工单位,从而实现动态设计、动态施工。监控量测及信息反馈流程如图 3-4-37 所示。

⑤监测资料整编。

按照批准的统一格式将各项仪器的有关参数、仪器安装埋设后的初始读数和全部仪器设备档案卡等整编成册,归档;监测完成获得监测数据后应及时整理分析,监测资料应根据不同的仪器类型和目的分别按照直观反映结构位移、应力、作用力等物理量指标进行整理,绘制各类物理量测值变化过程线和其他必要的图表,进行数据处理、回归分析,推算最终各类物理量测值和掌握其变化规律,并将监测成果分析报告报送监理单位;对监测物理量进行特征值统计,并采用比较法、作图法进行综合分析,定性判断其变化趋势及变化速率;监测发现异常情况时,应及时上报建设单位、设计单位和监理单位。

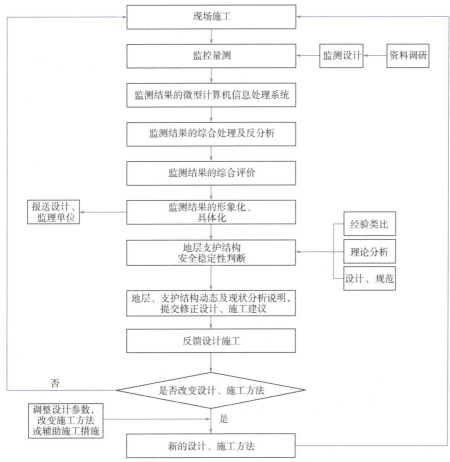

图 3-4-37 监控量测及信息反馈流程

(五) 影像资料

施工处治过程中的相关现场照片如图 3-4-38～图 3-4-43 所示。

图 3-4-38 溶洞坍塌处设置警戒线

图 3-4-39 溶洞坍塌处加设围栏

图 3-4-40 溶洞坍塌处虚土处理

图 3-4-41 溶洞坍塌处损坏台车拆除

图 3-4-42 溶洞坍塌处钢支撑替换

图 3-4-43 溶洞坍塌处喷射混凝土

(六)处治效果

处治后 10d 的监控量测数据显示,K91+404~K91+414 溶洞段沉降已经趋于稳定,沉降量在允许范围内。具体监测数据见表 3-4-5、表 3-4-6。

处治后拱顶下沉数据　　　　　表 3-4-5

日期	本日沉降(mm)	处治后累计沉降(mm)	测点
2021 年 8 月 12 日	0.4	0.4	1
2021 年 8 月 13 日	0.5	0.9	1
2021 年 8 月 14 日	0.3	1.2	1
2021 年 8 月 15 日	0.2	1.4	1
2021 年 8 月 16 日	0.5	1.9	1
2021 年 8 月 17 日	0.5	2.4	1
2021 年 8 月 18 日	0.2	2.6	1
2021 年 8 月 19 日	0.1	2.7	1
2021 年 8 月 20 日	0.1	2.8	1
2021 年 8 月 21 日	0.3	3.1	1

处治后周边收敛数据　　　　　　　　　　表 3-4-6

日期	本日沉降（mm）	处治后累计沉降（mm）	测点
2021 年 8 月 12 日	0.2	0.2	2~3
2021 年 8 月 13 日	0.5	0.7	2~3
2021 年 8 月 14 日	0.5	1.2	2~3
2021 年 8 月 15 日	0.6	1.8	2~3
2021 年 8 月 16 日	0.4	2.2	2~3
2021 年 8 月 17 日	0.4	2.6	2~3
2021 年 8 月 18 日	0.3	2.9	2~3
2021 年 8 月 19 日	0.3	3.2	2~3
2021 年 8 月 20 日	0.3	3.5	2~3
2021 年 8 月 21 日	0.4	3.9	2~3

第四节　隧道拱顶冒水处治

一、案例背景

某隧道为分离式隧道，左线 2ZK16+408~2ZK18+615，全长 2207m；右线 K16+405~K18+615，全长 2210m，均属长隧道。

2021 年 6 月 29 日—7 月 3 日，隧道所处乡镇遭遇持续性降水，6 月 30 日全天持续性中到大雨，7 月 1 日 3:00~7:30 暴雨，7 月 1 日 7:30~12:00 中雨，12:00~16:30 特大暴雨，往后仍持续降雨至 7 月 3 日，局部地区累计降雨量达到 170mm。

2021 年 7 月 1 日 8:00 进洞观察，发现隧道右洞 K16+564~K16+595 段初期支护渗水，洞口 50m 范围内二次衬砌横向排水管流水比较大；下午暴发山洪，洪水经相邻隧道之间的洼地不同程度倒灌入洞内，15:30 采用碎石堵住倒灌通道，此时隧道右洞 K16+577 拱顶出现一处集中出水点，水量较大，K16+572~K16+588 段渗水严重，洞口 50m 范围内二次衬砌横向排水管 2/3 以上满水，均流向掌子面方向，16:30 后降雨逐渐减小，但山洪和洞内排水管流水至 20:00 左右，洞内积水累计达到 1700m^3 左右，其中约 500m^3 由 K16+577 拱顶流入。另外，K16+572~K16+588 段仰拱存在岩溶裂隙，可缓慢消水。灾害发生时现场情况如图 3-4-44、图 3-4-45 所示。

图 3-4-44　隧道洞外山洪暴发现场

图 3-4-45　隧道洞内拱顶冒水照片

二、原设计情况

隧道右洞 K16+572～K16+588 段原设计为Ⅲ级围岩，对应衬砌类型为 S3-A，该段隧道最大埋深约 200m。根据施工图详勘地质报告，该段围岩为中风化灰岩，呈厚层状构造，岩质较坚硬，岩体较完整，局部溶蚀裂隙稍发育。隧洞掘进时可能会遇到悬挂型廊道式或厅堂式大溶洞，洞体地下水呈潮湿或点滴状出水为主，局部岩溶裂隙发育区呈淋雨状或涌流状出水，雨季地表雨水易沿岩溶垂直裂隙通道渗入洞体，应注意防范及支护。掘进至廊道式或厅堂式大溶洞时可能产生突泥涌水等地质灾害，应注意防范，加强超前地质预报。

三、工程地质情况

1. 水文地质

隧道区内地下水主要接受大气降水垂直入渗补给；岩溶裂隙水赋存于岩体溶蚀裂隙、溶洞中，主要受地形地貌、地层产状控制，由大气降水补给，通过导水的裂隙系统补给深部含水层或向坡脚沟谷排泄。

隧道洞身设计路面高程为 780～834m，设计高程较高，远高于纳八地下河出口高程的 500m，地表径流排泄条件好，雨季地表水通过溶沟、溶蚀洼地、岩溶漏斗、落水洞向下入渗补给，溶蚀洼地、岩溶漏斗和落水洞直接与纳八地下河相连，且上下连通性较好，成为地表水向地下河补给通道，形成强透水带。

2. 地形地貌

隧道区属构造峰丛洼地地貌，山体连绵起伏，地形起伏极大，地形地貌主要受地层岩性及地质构造控制，山脉走向多呈南北向，与区域构造线走向基本一致，与隧道走向基本一致，总体地势北高，南低，地面高程在 771.50～1120.85m 之间，相对高差达 349.35m，落差较大。隧道进出口路段基岩裸露，无第四系覆盖层，无农田及旱地，坡度为 25°～45°，最陡达 70°。其中，隧址区发育多个岩溶洼地、岩溶漏斗、落水洞，洼地大小不一，以椭圆形为主，洼地中发育一个或多个落水洞，落水洞与地下河相连，成为洼地下部地下河的主要补给通道。

3. 地层岩性

根据物探、钻探及工程地质测绘，隧道沿线基岩裸露，第四系在岩溶洼地及低洼处零星分布，下伏基岩为二叠系上统长兴组～吴家坪组（P2c～P2w）灰岩、燧石灰岩及硅质岩、石炭系上统黄龙组（C2hn）灰岩、白云质灰岩及燧石灰岩。

4. 构造条件

根据区域地质资料及本次钻探、调绘资料，在隧道 K17+200 段发育一条 F6 纳八—外平田断裂与线位垂直相交断裂，近东西向，经过外平田后转外为南北向，路线附近主要三叠系中统，二叠系上统以及石炭系上统碳酸盐岩，为一张性逆断裂，并扭曲多变，走向为近东西向，倾向多变，在白龙至纳八水电站段产状为 295°/SW∠57°，则在纳八水电站至拉卡段产状变为 325°/NE∠40°，与隧道交界处发生扭曲，断层产物为岩溶破碎带，地下水较发育，距离隧道区距离较远，对隧道影响不大。

四、处治方案

1. 处治方案论证

针对该隧道右线 K16+572～K16+588 段冒水情况，建设单位于 2021 年 9 月 22 日组织召开处治方案专家评审会，专家意见如下：

（1）同意采用集水横洞处治方案，将主洞二次衬砌背后岩溶裂隙水先引排至集水横洞进行沉淀，再排至洞内排水管沟，从而避免二次衬砌承受水压和堵塞洞内排水管沟。

（2）拱顶集中出水口多预埋两根 φ200mm 排水管，排水管与围岩间隙利用混凝土回填密实；应按设计图纸要求施工主洞与集水横洞之间的钻孔，建议适当加密钻孔间距。

（3）加强渗水段落的衬砌支护参数，加密环向盲管和横向排水管的布设间距，增加边墙与中央沟泄水管（孔）。

（4）加强隧道进口端洞外地表水拦截引排措施，后期对洞口段进行封堵，不让洞外地表水往洞内流；及时施作日里 1 号排洪洞，以将洞外地表水通过路基边沟引排至该排洪洞。

2. 具体处治方案

设计单位根据专家意见对处治方案进一步优化，最终确定"集水横洞泄水减压＋加密环向及横向排水管＋增加边墙及中央沟泄水管＋加强支护参数＋拦截引排洞外地表水"的处治方案，从根本上解决此问题，不留隐患。主要措施包括集水横洞、排水孔、主洞二次衬砌封闭成环并配筋、加密主洞环向盲管及横向排水管、边墙及中央沟泄压管、路基排洪洞等。

（1）设置泄压集水横洞。

集水横洞垂直于主洞设置，如图 3-4-46 所示，左右侧各设置一处，左侧中心桩号为 K16＋575.5，右侧中心桩号为 K16＋578.5，由 3m 交叉口加强段和 11.25m 正常段组成，正常段在初期支护和二次衬砌中预留 φ100mm 排水孔，便于围岩裂隙水通过预留孔渗入横洞。

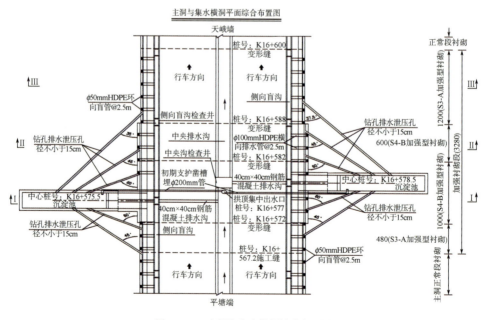

图 3-4-46　主洞与集水横洞综合布置图

主洞与集水横洞之间钻孔或预埋排水管连通,如图 3-4-47 所示,将主洞二次衬砌背后渗水引导排入集水横洞,从而避免二次衬砌承受水压;拱顶集中出水点必须通过沿两侧凿槽埋设直径不小于 200mm 的半边打孔 HDPE(高密度聚乙烯)管引排至集水横洞沉淀池;钻孔击穿孔径不应小于 15cm,孔内插入直径不小于 10cm 的半边打孔双壁波纹管(外裹无纺布),钻孔击穿岩体时,需保证钻孔斜向下、与水平方向交角如图 3-4-48 所示。

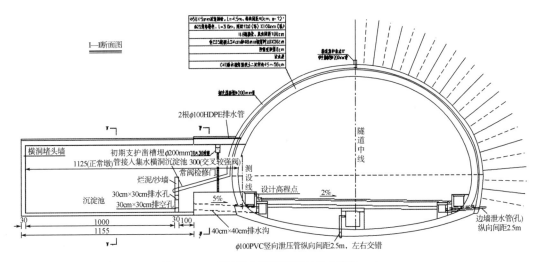

图 3-4-47 泄压集水横洞侧面图(尺寸单位:cm)

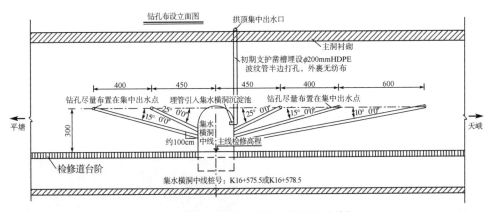

图 3-4-48 隧道冒水段落钻孔布设立面图(尺寸单位:cm)

为保证排水效果,钻孔进水口布置于检修道以上约 3.0m 处,出水口位于检修道以上约 1.0m 处;钻孔布置在集中出水点,具体位置现场可根据实际情况进行适当调整,必要时可增加钻孔数量或增大孔径。

(2)加密排水管+增加泄水管。

隧道主洞 K16+567.2~K16+600 段渗水段加密环向盲管和横向排水管至 2.5m/

道,环向盲管每道不少于2根;两侧边墙脚部设置泄水管(孔),由浇筑边墙混凝土前预埋 ϕ100mmPVC 管、后期采用钻机向围岩钻深度不小于 50cmϕ76mm 孔,每 2.5m/道;中央沟设置竖向泄压管,预埋 ϕ100mm PVC 管、包裹细格铁丝网形成,每 2.5m/道。

(3)拦截引排洞外地表水。

做好洞外地表水拦截引排措施。后期对洞口段约150m处进行封堵,不让洞外地表水往洞内流,通过洞外路基边沟与涵洞,将其拦截引排至1号排洪洞,做好顺接引排措施,如图3-4-49所示;并加大两侧路基边沟尺寸,以及加强洞内两侧沟与中央沟的水力联系。

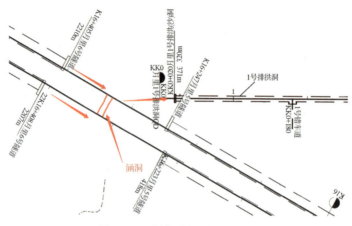

图 3-4-49　拦截引排洞外雨水措施

五、影像资料

设计变更发生前、处治过程中、处治完成后的相关影像资料如图 3-4-50～图 3-4-54 所示。

a)左侧掌子面

b)右侧掌子面

图 3-4-50　冒水段掌子面情况

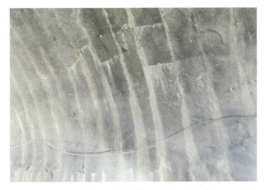
图 3-4-51 地下水消散后初期支护情况

图 3-4-52 地下水消散后下台阶

图 3-4-53 集水横洞施工

图 3-4-54 处理完后

六、处治效果

截至 2022 年 7 月,经历过数次持续性暴雨,该段落二次衬砌再未发生渗漏水情况,集水横洞能够起到汇水、沉淀、再排水作用,总体达到处治方案预期效果,有效防止了该段落隧道运营期可能出现的水文地质灾害。